U0946365

总经理

苏引华 著

SPM 南方传媒 | 广东经济出版社

·广州·

图书在版编目（CIP）数据

总经理 / 苏引华著. -- 广州 : 广东经济出版社，2024. 11. -- ISBN 978-7-5454-9528-7

I. F272.91

中国国家版本馆CIP数据核字第2024W39V16号

责任编辑：毛一飞
责任校对：黄思健
责任技编：陆俊帆
封面设计：博墉文化

总经理
ZONGJINGLI
出 版 人：刘卫平
出版发行：广东经济出版社（广州市水荫路11号11~12楼）
印　　刷：艺通印刷（天津）有限公司
（天津市宝坻经济开发区宝富道9号3、4号车间）

开　　本：787mm × 1092mm 1/16
印　　张：17.5
版　　次：2024年11月第1版
印　　次：2024年11月第1次
书　　号：ISBN 978-7-5454-9528-7
字　　数：210千字
定　　价：199.00元

发行电话：（020）87393830
编辑邮箱：664703063@qq.com
广东经济出版社常年法律顾问：胡志海律师
编辑电话：（020）38306079
如发现印装质量问题，请与本社联系，本社负责调换

如果你公司的年营业额还没有突破1亿元，那么你一定要认真看完这本书，因为这本书就是我把公司从8个人发展到近千人，营业额从0元发展到10亿元背后的经验总结。我从事企业管理培训14年以来，培训过30多万家中小企业，无数人因为学习了这套理论体系而实现了业绩增长，所以我相信，我一定可以帮助你把企业经营管理得更好！

很多创业者之所以没能把企业做好，主要是因为他们根本不知道一个企业负责人应该具备什么核心能力，也不知道自己在企业中应该扮演什么样的角色。**因为大多数的中小企业老板在开创初期都是自己兼任董事长和总经理的双重身份，但并不知道这两个身份背后的工作职责，因而角色错位，无法经营管理好企业。**

大多数创业者犯的错误基本上是过早地扮演了董事长的角色，而没有扮演好总经理的角色。大多数创业者的野心大于自己的才华，缺乏最基本的经营能力和管理能力，不知道如何把企业做大做强的底层逻辑。

经营是面对企业外部经营环境的不确定，选择相应的技术路线、市场策略、价格策略、商业模型等，目标是盈利。

管理是针对企业内部具体的人、事、物、料，出台相应的方法和制度，目标是提高效率。

经营者的使命是持续赚钱，而管理者的使命是稳定赚钱。

从某种意义上来说，管理是经营活动的一个子项，重点在于解决成本问题。成本降低会增加利润，但如果经营出现失误，即使管理能做到零成本，企业也不一定会盈利。

经营是对外创造可能，管理是对内扼杀可能。

经营者要能从细微的市场变化中发现机会，创造出巨大商机；管理者则要能防微杜渐，将风险控制在萌芽状态，一旦出现问题，迅速采取措施进行处置和化解。

一名优秀的总经理必须同时具备经营和管理的双项能力。

总经理就是负责总体的经营和总体的管理，也就是说，所有的事情总是要经过他理一理。总经理不仅要考虑经营，更要考虑管理。很多公司之所以无法轻松赚钱、持续赚钱，就是因为没有一套好的经营管理理念。

一些总经理通常是业务出身，做销售、拉关系是一把好手，所以他们的脑袋里面只想着销售，只想着在最短的时间内把产品卖掉，赚到更多的钱，很少关注团队内部的管理。时间一长，这些总经理留不住员工，公司的人员变动频繁，所以创业很多年始终无法把公司做大做强，把自己搞得也很累。这些总经理就是典型的经营有余、管理很弱。

除每年的营业额外，一些总经理既对公司的其他各项经营指标一无所知，也对财务指标一头雾水。由于做决策缺乏数据支撑，因此很多时候这些总经理往往是“拍脑袋”做决策，这严重影响了企业的发展。

也有一些总经理不考虑如何去市场上赚钱，不考虑如何把客户变得更多，而是天天想着如何把员工管得服服帖帖，如何降低员工的薪资。这些总经理就是典型的经营无力、管理过度。

如图1所示，如果把企业比喻成一个三角形，那么三角形的顶部就是老板，左下角就是员工，右下角就是客户。要想把企业做大做强，一个合格的总经理就必须想办法把三角形的三条边都变长，这样三角形的面积才会变得更大。

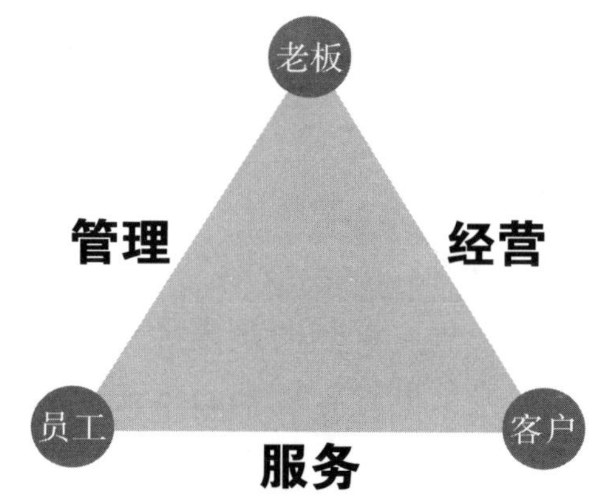

图1　商业思维模型图

三角形的左边变长的方法是想办法让员工持续不断地跟随我们（让员工变得更多）。这时，我们要做的事情就是做好团队管理。如果管理不好，员工就会离开。

三角形的右边变长的方法是想办法让客户持续不断地跟随我们（让客户变得更多）。这时，我们要做的事情就是做好客户经营。如果经营不好，客户就会离开。

三角形的底边变长的方法是做好服务，让流程自动化运转，提升员工和客户的满意度。

真正会做生意的人，其实不是赚取金钱，而是赚取人心（别人对你的信任）。有多少人愿意相信你，你就能成就多大的事业。你能让多少员工愿意相信你、跟随你、把心交给你，你就能打造多大的团队。你能让多少客户愿意相信你、跟随你、把心交给你，你就能打造多大的品牌。

经营是对外的思维，我们要想办法把外部的客户吸引进来，目的是持续赚钱。

经营关注结果，讲究的是效益，重点指标是数据，即量、本、利。

量——今年做的营业额；

本——今年付出的成本；

利——今年获得的利润。

作为一个合格的总经理，必须时刻思考这三大指标。只有把这三项数据算清楚，才能持续不断地从客户身上赚到更多的钱，实现公司的基业长青。

管理是对内的思维，我们必须管理好内部员工，让他们高效地实现公司目标。

管理注重过程，讲究的是效率，重点指标是流程，即责、权、利。

责——员工在相应岗位上需要承担的责任；

权——公司授予员工在相应岗位上的权力；

利——公司给员工的利益回报。

作为一个合格的总经理，必须把这三者协调好。明确岗位职责和分工，理顺流程，才能人尽其才、物尽其用，把公司做大做强。

经营的目的是更好地留住客户的心，管理的目的是更好地留住员工的心。能够把这两者都做好，企业自然而然越做越大。

如果一个总经理既不懂经营又不懂管理，那么企业在他的带领下一定会被市场淘汰。

之所以写《总经理》一书，是因为我看到太多的创业者因为不懂企业的经营和管理，奋斗多年仍迷茫无助。所以我想把多年来从事企业管理和企业经营的经验，通过我的文字分享给中小企业的总经理，帮助他们少走弯路，从而促进企业的发展。

本书主要从5大维度为大家讲解总经理必须具备的5大能力，相信你只要认真看完这本书就一定可以成为一名合格的总经理，实现企业业绩的增长。

一是运营能力。它是指总经理在企业日常运营管理、流程优化、团队建设等方面的综合能力。包括制定并执行有效的运营策略，确保企业的各项业务活动顺利进行，并不断优化运营流程以提高效率。

运营能力是企业的基础能力之一，关系到企业的日常运作效率和长期发展潜力。

二是分工能力。它是指总经理在组织结构和人力资源配置方面的能力。包括根据员工的专长和兴趣进行岗位分配，确保每个岗位都匹配到合适的人选，并实现团队的高效协作。

良好的分工能力能够提高工作效率，减少资源浪费，并确保企业目标的顺利实现。

三是分钱能力。它是指总经理在薪酬管理、利润分配等方面的决策能力。包括制定合理的薪酬体系，确保员工得到公平的回报，同时考虑企业的财务状况和可持续发展。

良好的分钱能力对于激励员工、提高他们的工作积极性和忠诚度、增强企业的整体竞争力起到重要的作用。

四是赚钱能力。它是指总经理在业务拓展、市场营销、产品创新等方面的能力。包括识别市场机会，制定有效的营销策略，并推动产品创新以满足客户需求。

赚钱能力是企业的核心竞争力之一，直接关系到企业的盈利能力和市场份额。

五是收钱能力。它是指总经理在财务管理、资金回笼和风险控制等方面的能力。包括制定合理的财务政策，确保资金及时回笼，并有效管理企业的财务风险。

收钱能力对于企业的现金流管理和财务稳健性至关重要，关系到企业的生存和发展。

苏引华

2024年7月31日

第一篇 | 运营能力

企业要经营，必须懂数据！

数据算得细，生意变游戏！

运营能力是指总经理在企业日常运营管理、流程优化、团队建设等方面的综合能力。包括制定并执行有效的运营策略，确保企业的各项业务活动顺利进行，并不断优化运营流程以提高效率。

运营能力是企业的基础能力之一，关系到企业的日常运作效率和长期发展潜力。

第二篇 分工能力

管理要轻松，必须懂分工！

分工分到位，事半又功倍！

分工能力是指总经理在组织结构和人力资源配置方面的能力。包括根据员工的专长和兴趣进行岗位分配，确保每个岗位都匹配到合适的人选，并实现团队的高效协作。

良好的分工能力能够提高工作效率，减少资源浪费，并确保企业目标的顺利实现。

第三篇 分钱能力

企业要赚钱，必须懂分钱！

分钱分得好，业绩一定好！

分钱能力是指总经理在薪酬管理、利润分配等方面的决策能力。包括制定合理的薪酬体系，确保员工得到公平的回报，同时考虑企业的财务状况和可持续发展。

良好的分钱能力对于激励员工、提高他们的工作积极性和忠诚度、增强企业的整体竞争力有着重要的作用。

第四篇 赚钱能力

想要有钱分，必须懂赚钱！

商业模式好，利润少不了！

赚钱能力是指总经理在业务拓展、市场营销、产品创新等方面的能力。包括识别市场机会，制定有效的营销策略，并推动产品创新以满足客户需求。

赚钱能力是企业的核心竞争力之一，直接关系到企业的盈利能力和市场份额。

第五篇　收钱能力

业绩治百病，收钱解千愁！

引爆现金流，赚钱更轻松！

收钱能力是指总经理在财务管理、资金回笼和风险控制等方面的能力。包括制定合理的财务政策，确保资金及时回笼，并有效管理企业的财务风险。

收钱能力对于企业的现金流管理和财务稳健性至关重要，关系到企业的生存和发展。

第一篇

运营能力

企业要经营，必须懂数据！
数据算得细，生意变游戏！

运营能力是指总经理在企业日常运营管理、流程优化、团队建设等方面的综合能力。包括制定并执行有效的运营策略，确保企业的各项业务活动顺利进行，并不断优化运营流程以提高效率。

运营能力是企业的基础能力之一，关系到企业的日常运作效率和长期发展潜力。

第一章　总经理必须知道如何实现经营目标

第一节　如何构筑持续获利、自动化运营的企业金三角模型

经营企业看起来很复杂，但如果深入分析，你会发现其实**只有三件事：卖给谁（客户）、卖什么（产品）、谁来卖（团队）**。

首先，想要经营好企业，总经理必须清楚“我到底要为谁服务，我的客户到底是谁”。他们有什么特征、他们会在哪里、他们需要什么？对客户越了解，赚钱的机会就越大。

其次，决定你准备卖什么产品或提供什么服务。通常，白手起家只有两条路：销售产品或提供服务。可以说，只有用产品或服务满足客户的需求，你才能赚到钱。很多人之所以创业失败主要是因为他们卖的产品是“他们想卖的”，而不是“客户想买的”，要想创业成功，必须卖客户想买的产品，而不是你想卖的。

当你明确了客户是谁，也知道了你想卖的产品或提供的服务是什么之后，接下来**最重要的就是找到合适的人将产品或服务卖给客户，**也就是所谓的“营销”。

经营企业就围绕这三件事展开，经营者其实是以一个“资源整合者”的角色出现在企业里。因为客户不是你创造出来的，而是本来就

有的；员工不是你创造出来的，而是本来就有的；产品也可能不是你自己创造出来的，而是市面上本来就存在的，也有可能是公司的员工发挥聪明才智创造出来的。

很多总经理之所以经营不好企业，是因为他们没有具备完整的商业思维，他们思考的只是一个“点”，而不是一个“面”。

很多人认为公司业绩不好是因为销售技巧不足，或者是对销售人员的培训不够，或者是销售人员数量太少。这样的思维只是点的思维。

在大多数情况下，顾客购买产品不是被销售员说服的，而是被产品征服的，也就是说，只要产品足够好，根本不需要业务人员介绍，也能够让顾客愿意主动付钱购买。

为什么很多总经理需要很会说话的业务人员来售卖产品呢？因为产品不会说话，所以他们只能找会说话的人来说。

一个公司业绩不好，表面上是因为业务人员销售技巧不足，其背后的本质可能是产品不够好。如果你的产品足够好，客户自己就购买了，根本不需要那么卖力地进行销售。

那么问题又来了，产品是谁研发、设计、制造出来的呢？是人还是人才，当然是人才。很多总经理之所以常说自己的公司做不大，主要是因为缺少人才。

公司里没有人才又是什么原因呢？通常，只有两个原因：

一是真的没有人才。

二是使用人才的人不是人才。

不知道你的公司是哪一种？

【案例分享】

7年前，我决定推出一款产品。因为当时我在外地出差，所以我打电话回公司找我的销售经理开电话会议。

我说："我们公司决定推出一款产品，售价定在2800元。"他们想都没想立刻就说："太贵了，卖不掉。"

然后我说："那你们觉得定价多少钱比较合适呢？"

他们说："1680元比较合适，超过这个数字卖不动。"

然后我就说："如果大家同意2800元的价格的话，我给大家的提成是50%，如果大家决定1680元的价格的话，那么提成只有10%，因为成本比较高。"

他们想都没想立刻就说："那定价2800元比较好。"

为什么？

再给你讲一个故事。

【案例分享】

我有一个学员是在大学城开餐饮店的，他要求他的厨师长每个月都能推出一道新菜。厨师长说："我已经江郎才尽了，没有办法了。"无论他怎么要求，厨师长都说没办法，"你如果对我要求这么高，我就离职。"如果他的厨师长离职，他的餐厅就开不下去了，但如果没有办法推出新菜，客户天天吃那几道菜，总会有吃腻的一天，没有新菜就无法吸引回头客，这对他来说是一个难题。

他在学完我的"商业思维"课程之后，明白了管理的核心就是制定有效的机制，回去后做了一个机制的调整："出一道新菜加100分，100分到年底可以兑换100元。"结果这个制度宣布完当天晚上，厨师长一夜未睡，第二天就推出了五十几道新菜。

通过以上两个案例，你知道你公司没有人才的原因了吗？这是因为你公司缺乏能够激发人成为人才的机制。如果你能制定有效的机制，那么员工的动力就会被激发出来，当员工有了激情之后，生产力就会得到极大的提高，不但能研发出好卖的产品，也能更有动力地把公司的产品卖出去。

现在你理解我说的“三维思考”模型了吗？

孟子说：“天时不如地利，地利不如人和。”我发现天时、地利、人和刚好构成一个系统的经营模型，也称经营企业的金三角模型（图1-1）。

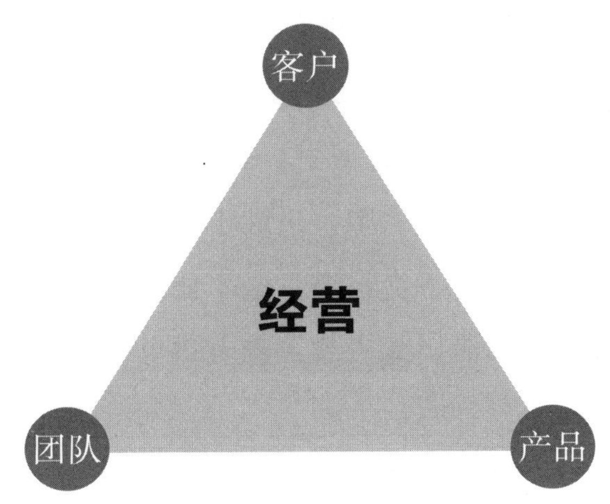

图1-1 经营企业的金三角模型

企业的“天”是我们的“客户”，因为客户是我们的衣食父母。

企业的“地”是我们的“产品”，因为产品一定要接地气。

企业的“人”是我们的“团队”，团队一定要一团和气。

小时候我们都学过一个数学定理，叫作“勾股定理”：勾3、股4、弦5。这个定理同样适用于企业经营：如果你的产品只有3分（不太好），你的团队4分（一般），那么你的营销就要出5分的力（非常吃力）。

相反，如果你的产品有5分（非常好），你的团队有4分（一般），那么你的营销出3分的力（非常好卖）就可以了。

如果不考虑团队的执行力，那么企业中产品和营销的关系可以用以下三个公式显示：

一流的营销+三流的产品 = 昙花一现（找死）

一流的产品+三流的营销 = 不温不火（等死）

一流的营销+一流的产品 = 横空出世（让对手死）

相传刘邦在取得天下后，大宴文武百官，问群臣：“吾所以有天下者何？项氏之所以失天下者何？”群臣纷纷拍马屁说这是天命所归。刘邦说：“夫运筹帷幄之中，决胜于千里之外，吾不如子房；镇国家，抚百姓，给饷馈，不绝粮道，吾不如萧何；连百万之军，战必胜，攻必取，吾不如韩信。此三者，皆人杰也，吾能用之，此吾所以取天下也。”

换句话说：

“运筹帷幄之中，决胜于千里之外”好比是张良研发好了产品，决定了卖什么。

“镇国家，抚百姓，给饷馈，不绝粮道”好比是萧何做好了团队的管理。

“连百万之军，战必胜，攻必取”好比是韩信开发好了市场，服务好了客户，做好了营销。

刘邦之所以取得成功，是因为做好了这三件事。如果一家企业能把这三件事做好，那么实现目标就会变得很容易了。

第二节 如何科学合理地设定目标，才能让各部门齐心协力

很多总经理之所以经营不好企业，主要是因为他们不知道自己到底要干什么才能实现企业的经营目标。每天忙于各种各样的应酬，却不知道企业实现目标的经营着力点，导致做了很多的无用功。

成功的总经理懂得制定清晰明确的目标，然后朝着目标全力前进。

失败的总经理根本没有制定经营目标，每天都在漫无目的地忙碌。

为了成为优秀的总经理，大家必须习惯于每天、每月、每年都制定清晰明确的目标，分析当天、当月、当年所有的经营活动，计划从早到晚（每天、每月、每年）应该做的每一件事、应该采取的每一个步骤，以维持自己高水准的表现。

有些公司去年的业绩只有200万元，可是今年开工的时候对团队成员说：“兄弟们，我们今年努力一下，想办法做到2000万元。”

大家觉得这个目标可以实现吗？很悬！

很多总经理在制定目标的时候往往都是“喊口号”“拍脑袋”，反正“吹牛又不用交税”。制定目标时喊破了嗓子，在如何达成目标时却变成了“走一步看一步”“到时候再说”。

制定目标最重要的目的不是给出一个目标，而是能够清楚地制订

出有效的行动计划，以及罗列出每一个行动背后所需要的数据支撑。

如果没有科学的数据支撑每一步的行动计划，经营肯定无从下手，也就不知道实现目标的具体步骤和所要达到的具体效果。之所以少数人能实现目标，运气好占了很大成分，但是缺乏可复制性。

【案例分享】

如果我们要做到年营业额1亿元，那么1亿元就是我们的目标。

如何实现年入1亿元？很多总经理缺乏具体的方法和策略，而合格的总经理具有一套系统的逻辑，接下来我为你拆解一下。

如果我们卖的产品单位售价是1亿元，营业额要做到1亿元，我们只需找到1个客户就可以了。

想要服务好这1个客户，我们的团队可能只需一个人就够了（表1-1）。

表1-1　企业营业额目标计划表Ⅰ

营业额	产品	客户	团队
1亿元	单价1亿元	1个	1人

如果单价1亿元的产品你做不出来，那可不可以做单价1000万元的产品？

单价1000万元的产品，要想实现营业额1亿元，就需要找到10个客户。

如果一年只要找10个客户的话，团队可能只需2个人就可以了（表1-2）。

表1–2 企业营业额目标计划表Ⅱ

营业额	产品	客户	团队
1亿元	单价1000万元	10个	2人

如果做单价100万元的产品，要实现营业额1亿元，就需要找到100个客户。

要服务好100个客户，可能需要组建5～10人的团队（表1–3）。

表1–3 企业营业额目标计划表Ⅲ

营业额	产品	客户	团队
1亿元	单价100万元	100个	5～10人

如果做单价10万元的产品，就需要找到1000个客户，才能实现1亿元的营业额。

要服务好1000个客户，可能需要组建50～100人的团队（表1–4）。

表1–4 企业营业额目标计划表Ⅳ

营业额	产品	客户	团队
1亿元	单价10万元	1000个	50～100人

如果单价是1万元的产品，要实现营业额1亿元，就需要找到1万个客户。

如果要服务1万个客户，可能需要组建200～500人的团队（表1–5）。

表1–5　企业营业额目标计划表Ⅴ

营业额	产品	客户	团队
1亿元	单价1万元	1万个	200～500人

如果单价是1元的产品，要实现营业额1亿元，就需要找到1亿个客户。

要服务1亿个客户，我们就不能靠人海战术了，这个时候最好的方式应该是互联网（表1–6）。

表1–6　企业营业额目标计划表Ⅵ

营业额	产品	客户	团队
1亿元	单价1元	1亿个	互联网

大家看完以上的数学运算后有什么感想？2006年，当一个商业大师第一次跟我分析以上内容的时候，我很不以为意，反驳他说："这不是小学生都懂的算术题吗？"但后来当我沉下心认真思考之后，终于明白这就是商业的核心算术题，也就是经营的数字模型。

绝大多数的总经理虽然经营企业很多年，但经营能力还没入门，根本没有数字概念。

比如，很多总经理知道公司去年的营业额，但没有计算过去年总共服务了多少个客户，也没有计算过每个客户的客单价，更没有计算过每一个客户给公司带来的价值有多大。

很多总经理知道公司有多少名员工，但很少计算过每一名员工平均给公司创造了多少价值，也没有计算过每发1元钱工资能够给公司产生多大的价值。

很多总经理不知道今年的公司目标，也不知道要达成目标需要多少客流量；不知道应该保持多少客单价，也不知道如何去提升客户的终身价值。

很多总经理知道每个月公司要花多少钱，但没有计算过公司的盈亏平衡点，不知道如何做才能确保公司稳赚不赔。

身为总经理如果连上面的这些数据都不知道，只能说明其经营水平连开出租车的司机都不如，起码出租车司机都知道“每天眼睛一睁开就欠公司500元”。

为了你能成为一名合格的总经理，我需要你马上回答以下问题：

（1）你公司去年做了多少营业额？

（2）你公司去年有多少个团队成员？

（3）你公司去年总共服务了多少个客户？

（4）去年每一个客户在你这里消费了多少钱？

（5）你公司去年总共发出去了多少工资？

（6）平均每花1元工资，能给你带来多少营业额？

（7）平均每花1元工资，能给你产生多少利润？

假设去年做了1000万元营业额，服务了1000个客户，那么平均1个客户就消费了1万元。

既要计算出客单价，也要计算出公司员工的人均产值。如果你能清楚地计算出以上数字，那么恭喜你，你已经具备了经营思维。

第三节　如何找到经营的着力点，从而百分之百地实现业绩增长

如果你公司去年的营业额是500万元，那么500万元就是你的框架。

是什么决定了你公司的框架？

答案是**你的产品、团队和客户。**

如图1-2所示，如果你的营业额想要变成5000万元，那么相应地，你的团队、你的产品、你的客户都需要在去年的基础上同时扩大10倍。如果有任何一条边没有变长，营业额目标都不可能实现。

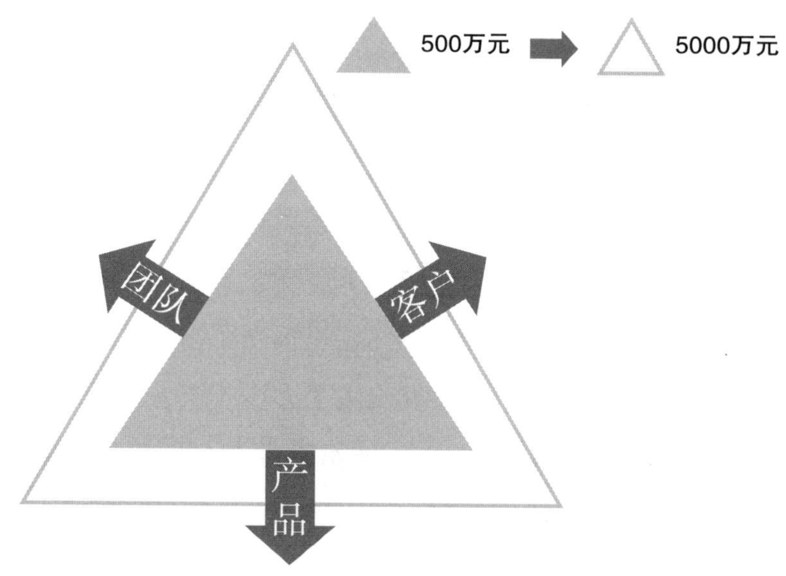

图1-2　企业业绩倍增模型

【案例分享】

2013年，我的公司做了4000万元的营业额。2014年年初，我给自己制定的目标是2014年营业额要做到1亿元。

大家想一下，从4000万元到1亿元要增至几倍？2.5倍。

如果我跟我的团队说："兄弟们，今年努力2.5倍，让我们实现营业额1亿元。"

你猜大家会怎么说？他们一定会异口同声地说："好！"但同时在他们的心里一定还有另外一句话没有说出来，那就是："怎么可能实现目标呢？"

说句实在话，营业额1亿元只是个口号，是没有办法落地的，因为大家都觉得这是在吹牛。喊口号的时候大家喊得气势恢宏，但其实心里都很虚，因为大家根本不觉得能实现目标。

员工们心里会想，一天只有24个小时，去年我已经每天都努力工作18小时了，再努力2.5倍，怎么可能！除非我能长出两个脑袋！

所以身为总经理不能单单只会喊口号，还要学会用数字说话。

当时的我先用经营企业的金三角模型解析了一下公司2013年的数据（图1–3），系统地分析了我们的产品、团队和客户。通过数据的拆解，就能很清晰地知道2013年公司4000万元的营业额是如何完成的。只有找到规律，我们才能完美复制这个经营模型。

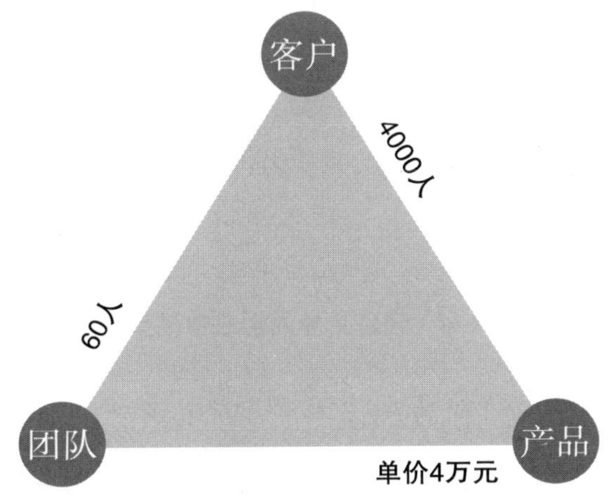

图1–3 经营企业的金三角模型Ⅰ

分析之后发现：2013年，我们的产品单价是4万元，团队有60人，客户有4000人。

用数字模型分析之后，得出以下数据指标：

团队60人，营业额4000万元，也就意味着每个人的平均业绩为66.67万元。

产品单价4万元，营业额4000万元，也就意味着有1000个客户购买了我们的产品。

客户4000人，营业额4000万元，也就意味着客户的人均消费是1万元。将数据指标添加到经营企业的金三角模型后如图1-4所示。

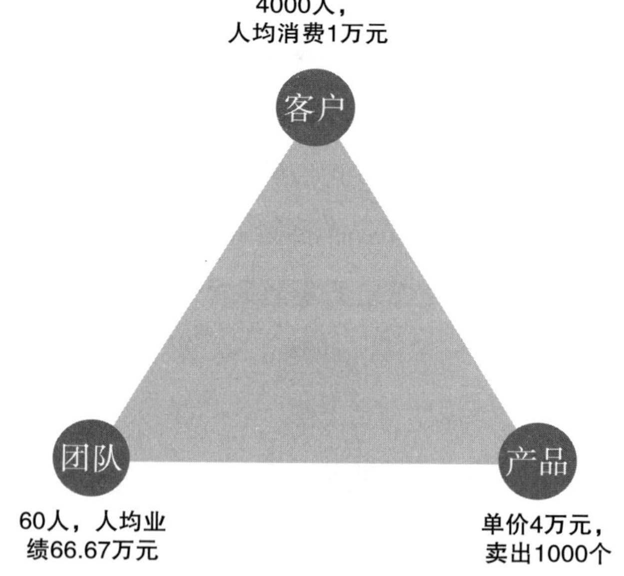

图1-4　经营企业的金三角模型Ⅱ

这里可能会有人问：为什么单价4万元的产品，客户的人均消费却是1万元？因为有些客户购买了，而有些客户没有购买。

这就是我公司的框架，也是我公司的核心。我时常会说一句话："要从成功走向成功。"也就是说，任何一个总经理都要能够清楚地知道自己的钱是从哪里赚来的，找到赚钱最重要的点，然后加以复制。有了这个经营模型之后，只要往里面填数字就可以了。

公司业绩从4000万元增加到1亿元，新业绩是原业绩的2.5倍，即：

1亿元 ÷ 4000万元 = 2.5

当我知道了这个倍数之后，只需在这个经营模型中把这三个变量（产品、团队、客户）乘上相应的倍数就可以了，即：

产品单价4万元 × 2.5 × 1000个 = 1亿元；

团队人数60人 × 2.5 × 66.67万元/人 ≈ 1亿元；

客户数量4000人 × 2.5 × 1万元 /人= 1亿元。

按照这个经营模型，如图1–5所示，如果我们要实现营业额1亿元的目标，有三个维度的方法：

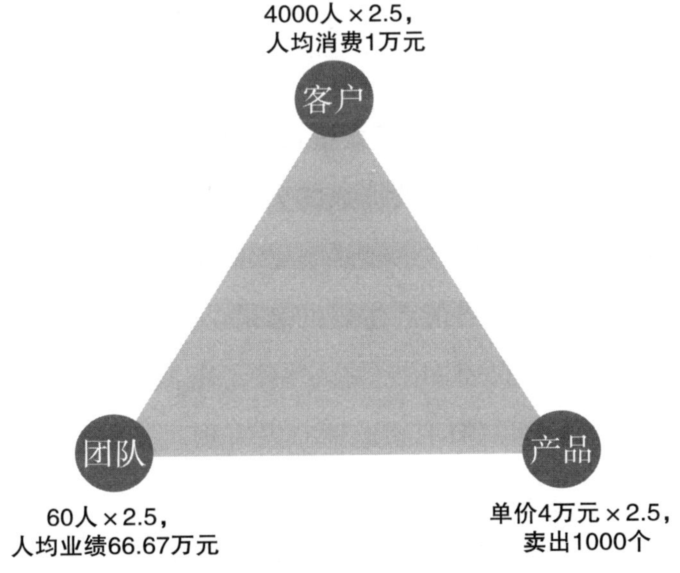

图1–5　经营企业的金三角模型Ⅲ

（1）产品单价增至2.5倍，从4万元增至10万元，或者同单价的产品数量增至2.5倍。

（2）团队人数增至2.5倍，从60人增至150人。

（3）客户数量增至2.5倍，从4000人增至1万人。

因此，我在2014年年初的时候，对公司负责带团队的负责人说："你今年主要的任务就是想办法把团队人数增加到150人。"

我对销售总监说："去年我们服务了4000个客户，今年想办法让老客户转介绍新客户，把客户变成1万个。"

因为我是做产品研发的，所以我今年新产品数量需要增至2.5倍，或者巧妙地让原有产品价格增至2.5倍，客户也愿意接受。

这个数字分析就是所谓的经营模型。有了这个经营模型之后，就可以找到变量因素，从而找到经营的关键结果指标，也就是经营企业的着力点。

什么叫作关键结果指标？关键结果指标是指要确保实现目标或达成结果的最重要的影响因素。

为什么我没有对团队管理层直接说"今年，我们要实现1亿元的业绩目标"，而是对他们说所要完成的关键结果指标？

因为业绩达成1亿元是一个结果，结果是由什么产生的？答案是过程。没有好的过程就不可能产生好的结果。

大多数总经理喜欢对员工说："不要跟我讲过程，请给我结果。"这话说得很潇洒，但不知道你有没有想过这个世界上根本没有不需要过程的结果。所以我们公司的企业文化中有一句话："没有过程的结果是放屁！"用来引导公司所有的人在制定目标时，必须同步把计划和关键结果指标拿出来。

对于达成1亿元的业绩目标而言，团队人数、产品单价或数量、客户数量全部增至2.5倍，就是我的关键结果指标。

只要我能把这三大关键结果指标实现，就可以轻而易举地实现1亿元的业绩目标。

目标就是结果，在经营企业的金三角模型中相当于三角形的面积，而关键结果指标就是实现目标最重要的着力点，相当于金三角模型中三角形的三条边。三角形的面积有多大是由三条边的边长所决定的，对一个确定的三角形而言，三角形的三边越长，三角形的面积就越大。

经营的核心就是要把企业这个三角形的面积做大，三条边就是企业经营的着力点，这个着力点也是影响三角形面积最重要的变量因素，企业经营者只有找到着力点，才能更好地发力，取得四两拨千斤的效果。

很多总经理很努力，但结果却不太好，这是因为他们虽然一直很努力地做事，但是并没有找到那个最重要的着力点。

试想一下：

如果你是公司的总经理，是把目标定为“今年完成1亿元的营业额”比较实际，还是定为“今年把团队人数增加到150人”比较实际？两个目标中哪一个会让你觉得更加明确、更能快速地采取行动？

再试想一下：

如果公司领导直接和你说：“今年给我搞定1亿元的营业额。”请问你知不知道如何完成？有没有具体的方法和策略？知不知道接下来要采取哪些行动？

我估计大部分人不知道接下来的行动计划。虽然嘴上会说保证完成任务，但心里却很虚。你在回答问题的时候可能会想：就凭我们现在的能力，达成1亿元的业绩怎么可能！

所以，绝大多数的总经理只是名义上的经理，没有真正的经营能力。一小部分的总经理可能具备一定的管理能力，但他们对如何经营还是比较盲目的。

管理者大多对事务负责，而经营者必须对业务负责。

一个合格的总经理，必须同时懂得经营和管理。

不懂经营的管理者，不是合格的管理者。

这也是很多企业总经理找不到合格的职业经理人的原因之一。

对于中小企业来说，大部分的团队成员是没有受过正规商业训练的，所以他们身上不具备这些能力是很正常的事情。之所以很多企业经营得比较好，是因为总经理这个人比较优秀，既是优秀的经营者，又是优秀的管理者。在我们的团队完全职业化之前，只能由总经理自己来担任公司的经营者和管理者，然后再一步步地培养团队的能力。

所以我们不能把目标丢给员工，而是需要先让他们学会如何正确地做事。我当时把实现1亿元的目标进行细分，变成了三个关键结果指标。

团队人数增至2.5倍，达到150人。这个目标交给总经理。

客户数量增至2.5倍，变成1万人。这个目标交给负责市场运营的营销总监。

产品单价增至2.5倍，达到10万元；或新产品数量增至2.5倍，达到2500个。这个目标交给负责产品研发的产品经理。

当我把这个指标分配好之后，仅仅3个月的时间，我的财务总监就向我报告："老大，我们公司今年第一季度就完成了去年全年的业绩。"

说到这里，也许很多人会问：

为什么要三个变量同时增加？

如果只改变其中的一个变量或两个变量可以吗？

答案是经营模型在数学上是一个几何模型，它是乘法，而不是加法。如果这三个维度的方法单独采用的话，也就是单一变量的改变，可能会隐藏巨大的风险。虽然我的数学没有那么好，无法用"数学公式"计算出来给大家看，但我们不妨用几何模型来推理看看。

如果只从客户维度出发，把客户人数增至2.5倍，由4000人变为1万人后，会发生什么事情？如图1–6所示。

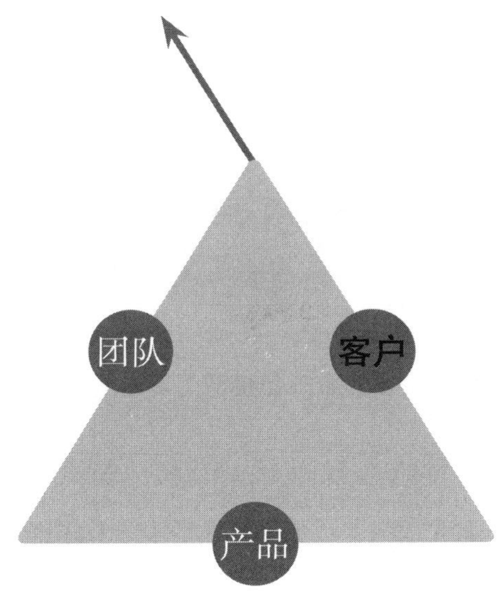

图1–6 经营企业的金三角模型（单一增加客户维度）

答案是在客户人数从4000人增至1万人，但团队人数没有增加的情况下，就会出现服务质量下降，甚至一些客户无人服务的情况。例如原来一名员工服务10个客户，现在一下子变为服务25个客户，一定无法再提供有针对性的服务，客户体验感也会随之大大降低，从而引发客户的不满情绪，导致原来痛快付钱的老客户可能不会再次回购产品，也就无法保证客户的人均消费达到1万元。

如果只从团队维度出发，把团队人数增至2.5倍，由60人变为150人后，会发生什么事情？如图1–7所示。

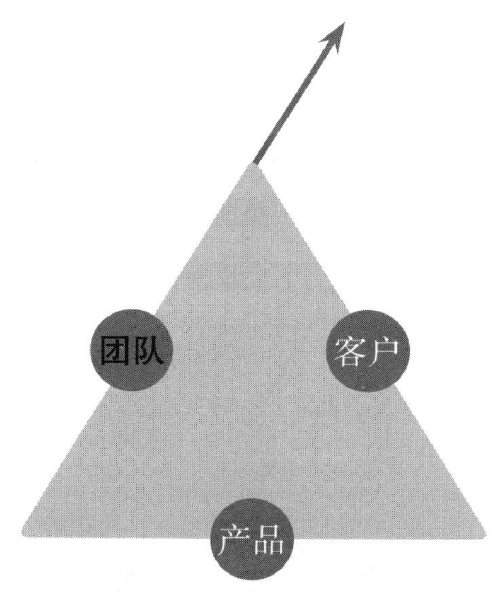

图1–7　经营企业的金三角模型（单一增加团队维度）

答案是如果只把团队人数增至150人，就有可能因为团队人数的增加，而多发了很多工资。一旦客户数量没有增加，公司的成本增加，利润就降低了。

如果只从产品维度出发，把产品单价增至2.5倍，从4万元涨到10万元，或者同单价的新产品数量增至2.5倍，会发生什么事情？如图1–8所示。

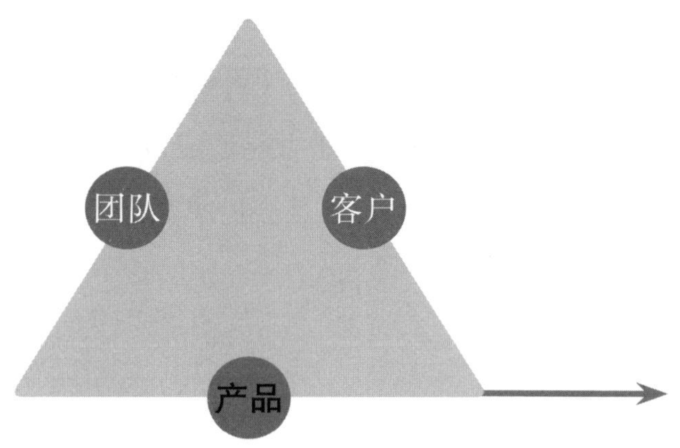

图1–8 经营企业的金三角模型（单一增加产品维度）

答案是如果把产品单价增至2.5倍，极有可能出现产品滞销的情况。原来4万元的产品有人买，涨到10万元就无人问津了，因为客户会觉得太贵了。另外，同单价的新产品数量增至2.5倍，也可能会引发客户的选择困难症，不知道选择购买哪一个产品，或是团队成员对产品介绍不清楚而导致客户不会购买。

如果单一维度的改变不行，那么我们再尝试一下两个维度的改变。

如果我们同时改变客户维度（把客户数量增至2.5倍）和产品维度（产品单价增至2.5倍），将会如何？

从图1–9中我们可以看出，如果产品和客户这两个维度同时增加，还是无法增加三角形的面积，还可能造成资源浪费。尽管客户数量增加，但如果团队服务跟不上，还是会造成客户白白流失。

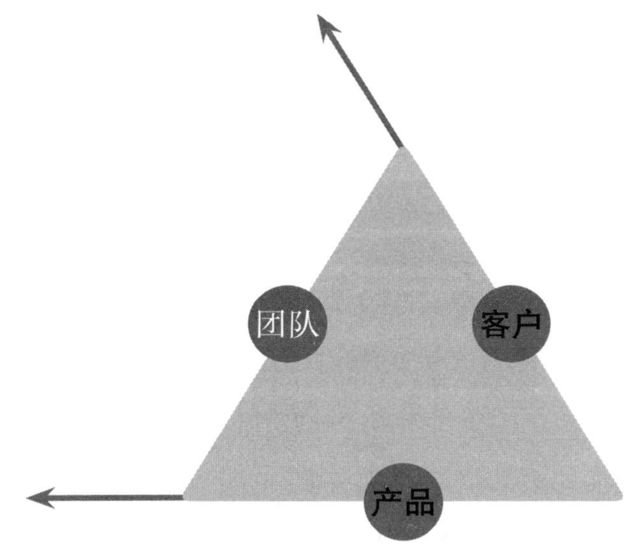

图1–9　经营企业的金三角模型（同时增加产品维度和客户维度）

如果我们同时提升团队维度（团队人数增至2.5倍）和产品维度（产品单价或数量增至2.5倍），将会如何？

从图1–10中可以清晰地看到，如果产品和团队这两个维度同时增加，还是无法增加三角形的面积，同样会造成资源浪费。尽管团队人数增加，但如果客户数量不足，还是会造成人员过剩，成本增加。

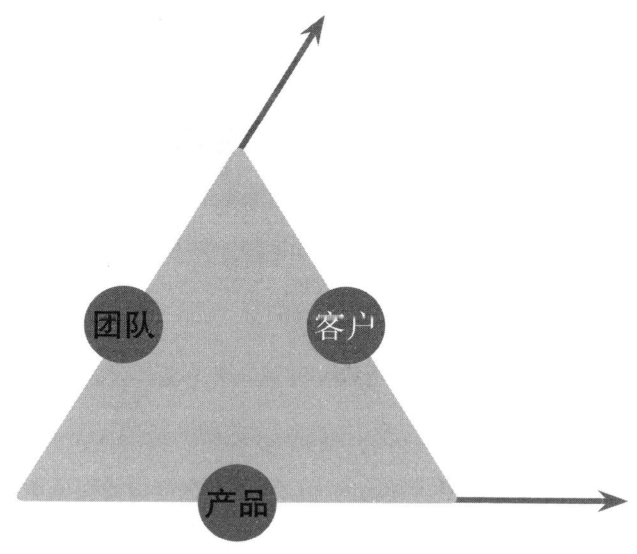

图1–10 经营企业的金三角模型（同时增加产品维度和团队维度）

如果我们同时提升客户维度（客户数量增至2.5倍）和团队维度（团队人数增至2.5倍），将会如何？

同样地，如图1-11，如果团队和客户这两个维度同时增加，还是无法增加三角形的面积，依然会造成资源浪费。

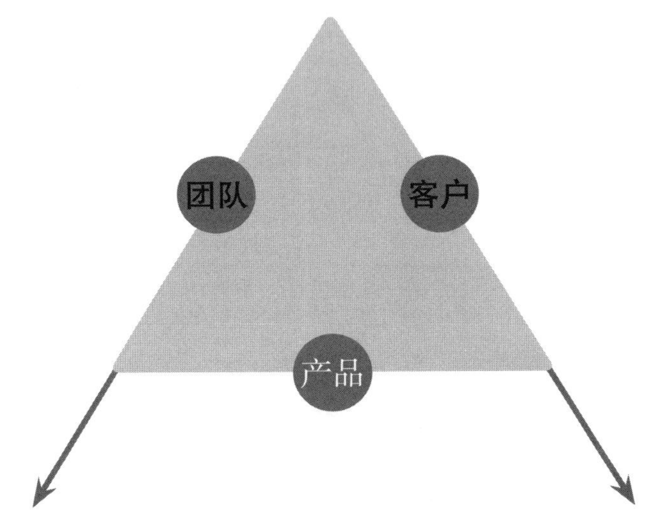

图1-11　经营企业的金三角模型（同时增加团队维度和客户维度）

我尝试过很多数学模型，发现如果一个企业想要良性发展，必须三个维度同时提升，否则就算短期达成目标，长此以往还是没有办法持续实现目标。

这就是企业的经营模型。如果你能够构筑好自己企业的经营模型，那么我要恭喜你，你将成为一名合格的总经理。

第二章 总经理必须知道如何做预算

第一节 如何科学地做财务预算，从而找到实现目标的有效路径

很多人在年初的时候制定了很多目标，可是到年底的时候一个都没有实现。为什么？不是因为他们不努力，也不是因为他们的执行力太差，而**是因为他们不懂“预算”，不知道如何对目标进行合理的“拆解”，大部分人只是简单地对目标进行“拆分”，并非进行合理的“拆解”**。

【案例分享】

如果全年业绩目标为2400万元。

按照一年12个月来分解，就可以计算出每个月需要完成的数量，也就是200万元。

如果按照每个月30天来计算，一天需要完成6.67万元。

以上的计算方法就是简单地对目标进行“拆分”。很多企业经营者设计业绩指标就是用总业绩除以销售团队或分公司的数量，再根据销售人员的数量进行分配，最终计算出每个人的业绩指标。再配上设计精美的绩效考核表，美其名曰：“千斤重担人人挑，人人头上有指标。”

事实上，用这种方法计算出来的考核指标并不科学，执行过程中

很多不确定因素会导致有的人多完成，有的人少完成，最重要的是过程不可控。以这样的方式来达成目标风险性太大，并且大多数时候是无法完成目标的。

那么，什么是“拆解”目标呢?

“拆解”就是对实现目标的关键结果指标（经营的着力点）进行分析，找到核心的变量，再进一步通过数学模型计算出达成目标的关键因素，也就是具体行动，从而准备好资源，确保目标的实现。

假设，全年业绩目标为2400万元。

（1）计算平均一个订单所完成的业绩。

如果1个订单能完成1万元业绩，2400万元业绩就等于2400个订单。

（2）若采用“电话销售”，需要计算出成功概率，即打多少通电话可产生1个订单。

如果每打100通电话能产生1个订单，相当于转化率是1%，成交2400个订单就需要打出24万通电话。

如果一年工作300天，24万通电话，每天必须打出800通。

如果一个业务员一天最多打100通电话，至少需要8个业务员。

这时的工作重点就变成公司8个业务员，每人每天至少打100通电话。

（3）若采用“电商销售”，需要计算出成功概率，即多少个访客能产生1个订单。

如果每100个访客能产生1个订单，相当于转化率是1%，成交2400个订单就需要24万个访客。

按照一年12个月计算，每月需要确保2万个访客进店，平均单日进店客户量为667个。

这时的工作重点就变成如何确保全年网站获得24万个访客。

（4）若采用传统店面销售，需要计算出多少个进店客户能产生1个订单。

如果每10个进店客户能产生1个订单，相当于转化率是10%，成交2400个订单就需要2.4万个进店客户。

按照一年12个月计算，每月需确保2000个客户进店，平均单日进店客户量为67个。

这时的工作重点就变成如何确保每天有67个客户进店。

一旦你把目标“拆解”成任务，变成乘除法关系，就会发现，你关注的不是每天要完成多少万元，而是**有没有办法提高客单价（比如让每个订单从1万元变成2万元）？有没有方法提高转化率（成交率）（比如打100通电话能成交2个）？**

如果能提高关键结果指标，就能帮助你完成目标，这就是把目标“拆解”成任务，这就是所谓的科学“预算”。

每个成功的总经理都懂得清晰地制定明确的经营目标，然后努力朝目标前进。反过来说，无数失败的总经理具有的共同特质，则是没有制定经营目标，他们每天都是在没有方向地忙碌着。

总经理只有学会科学的预算方法，才能找到实现目标的有效路径，最终实现企业目标。

第二节　如何科学地做经营预算，让自己成为一个合格的总经理

孙子曰：“夫未战而庙算胜者，得算多也；未战而庙算不胜者，得算少也。多算胜，少算不胜，而况于无算乎？吾以此观之，胜负见矣。”

意思是说，未开战而在庙算中就认为会胜利的，是因为具备的制胜条件多；未开战而在庙算中就认为不能胜利的，是因为具备的制胜条件少。具备制胜条件多就胜，少就不胜，何况一个制胜条件也不具备的呢？我从这些对比分析来看，胜负的情形就得出来了。

换句话说，在取得胜利之前，我们必须想办法营造出胜利的条件，准备好资源，这样才能取得胜利。例如，我要开车去北京，我就要算好开车到北京要多少公里？我的车子每公里需要多少油？开多少公里之后我要加油？要准备多少钱？如果我没有做预算，很有可能我的车子会在中途抛锚。

孙子曰：“胜兵先胜而后求战，败兵先战而后求胜。”任何事情要想取得成功，都必须提前做好规划，如果没有规划就是在赌运气。在现实生活中，如果一个人对自己的人生有详细周密的规划，那么他的人生就会步步为营；如果他对人生没有规划，很有可能他的人生就会随波逐流。步步为营的人生不需要有奇迹，也不需要有惊喜，因为一切尽在他的掌握之中。如果你的人生想要“惊喜”，最后可能都变

成“惊吓”。

要想实现企业的目标，所有的经营行为都应该是事先设计好的，总经理的预算能力越强，对未来问题发生的可控性就越高。永远不要心存侥幸，因为在偶然中得到，必会在必然中失去。

有很多人开第一家店是赚钱的，当他赚钱之后，做的第一件事情就是扩大规模，再开第二家店。遗憾的是，他的第一家店是赚钱的，但第二家店开业之后却是亏钱的，导致最后把第一家店赚来的钱全部都填了第二家店的亏空。

之所以会出现这样的状况，主要是因为缺乏科学的预算能力，导致无法从成功走向成功。大公司是如何确保开每一家店都能成功赚钱呢？接下来我们分享一下麦当劳和肯德基用来确保开的每一家店都能成功的科学预算模型。

他们会根据历史门店的客流量和进店人数算出进店率，根据进店的人数及最终成交的人数算出成交率，再根据成交人数和店铺的营业额算出客单价。同时，根据店铺的面积及租金、水电费、物业费算出每平方米店面的成本，并结合营业面积和工作人员数量算出每平方米需要多少员工，从而构建出一个经营模型。

如果他们要新开一家店，就会根据新店的面积算出这家店需要多少员工及人员的成本、每个月需要支付多少租金及水电费、物业费。

然后再根据利润率算出保本平衡点，也就是在这么多成本的情况下，如果要保证不亏，这家店必须保证每天做多少营业额。如果要有这么多营业额的话，必须保证门口有多少客流量。

根据经营的底层逻辑：

营业额 = 客流量 × 进店率 × 成交率 × 客单价 × 复购率

因为他们的产品和服务都是统一的，所以进店率、成交率、客单价、复购率都是一样的，唯一的变量就是客流量。这家店能不能开，主要取决于客流量有多少。这个时候他们在开店之前一定会做一个客流量的调查，找一个市场调查人员在选址地计算每天经过店铺门口的客流量。

几天后根据统计结果计算，如果客流量足够支撑营业额，那么这个地方就可以开店。如果客流量不足以支撑保本平衡点，那么就不能开这家店，或者把店面缩小以减少成本，这样也能确保稳赚不赔。

随着科技的发展，已经不必拿计数器去计算店铺门口的客流量了。首先，只需把一个定位器放在店门口，就能够分别测算出方圆 5 公里之内有多少男人、女人、老人和小孩。其次，根据历史的经营模型，基本上可以推算出这家店每天会有多少客流量，这家店每天会有多少营业额。最后，根据营业额和利润去控制成本，这就是他们每开一家店都能成功的原因。

很多企业之所以会出现现金流断裂，就是因为缺乏财务的预算。苏东坡当年被贬谪到海南的时候，每个月的俸禄非常少，日子过得十分艰难。为了确保活下去，每次一拿到俸禄，他都要按照一个月 30 天，把钱分成 30 份，然后挂在很高的房梁上。每天早上起来取下其中的一串，用这一串钱维持一天的生活。

同时，他专门拿一个竹筐，把今天没花完的钱放在竹筐里，不断地累积。哪一天想加餐吃肉了，或者有朋友来到家里需要买酒了，就用竹筐里的钱去买一点肉，或者买一点酒来喝，无论如何绝对不能动用第二天的那一串钱。因为如果第二天的那一串钱用掉了，接下来就无法维持一个月的生活。

这就叫作结果的设计（维持一个月的生活）和过程的控制（每天只能花一串钱）。很多企业之所以会陷入财务的危机，就是因为企业经营者从来没有做过资金的预算，才会拆东墙补西墙，从而陷入了财务困境。

接下来分享一下三步预算法，让你学会如何做预算。

第一步，明确目标。

很多总经理在企业经营过程中制定的目标是营业额目标，其实营业额目标只是一个过程，而真正的目标是获取利润，因为没有利润就没有办法支持我们的战略。所以，我们要明确真正的目标是要规模还是要利润?

很多销售型出身的总经理喜欢把公司规模做得很大，可是最后算账时才发现公司并不赚钱。所以我们除营业额目标、规模目标外，还要看利润目标。不少总经理赚钱之后就想着扩张，结果可能是大部分的新店不赚钱，那扩张的意义又是什么呢？所以，我们在做预算的时候，除了要明确今年做多少营业额，还要明确今年能有多少利润。

第二步，寻找路径。

思考到底要用什么策略和方法实现目标。根据利润的底层逻辑：

利润 = 销量 × 售价 − 成本

销量 = 客流量 × 成交率

这时候就会明白，如果要实现利润目标，可以采用的路径包括提高客流量、提高成交率、提高售价，或者是降低成本。

第三步，准备资源。

根据实现目标的具体方法和策略来准备资源，包括明确所需人员类型、人员数量、资金数量及其他条件。比如要想提高客流量，就要思考到底是通过投广告增加客流量，还是通过增加销售人员进行地推活动，这背后要花多少钱、需要多少人？如果要提高售价，就要升级产品，那准备多少钱去升级产品，具体的步骤是什么？如果要降低成本，就要想办法增加优秀的管理人员或上线管理系统提高效率，这背后要投入多少资源？

简单来说，就是什么事（What）、谁去做（Who）、从哪里入手（Where）、什么时间（When）、如何做（How）、多少钱（How much），当你把这些细节想清楚了，你的预算框架就出来了。

企业做不好是因为管理者没有“数据”概念，都是凭“感觉”在经营着企业，很多总经理从来不知道企业的盈亏平衡点是怎么计算的，也有很多总经理从来没有算过账，只有等到年底算总账时才知道这一年是赚钱还是亏钱。

如果一个总经理不知道每天的运营成本，就不可能知道每天应该做多少营业额才能达到收支平衡，更不可能知道一天应该服务多少位客户？平均客单价应该要达到多少？这样一来，既不清楚每天应该努力的方向，也无法界定员工的工作指标，更无法制定合理的考核标准。

为什么有些人可以无限地复制成功，无论开多少分店或分公司都能确保开一家成功一家，而有的人开第一家店可以赚钱，但开第二家店却血本无归？

原因是成功的人都有一个经营模型，他们能总结出自己的各项数据指标，如**客流量、进店率、成交率、客单价、复购率。**

所以他们在开第二家店的时候就会以这些指标为基础，用一个完整的经营模型计算出开一家店的运营成本，进而计算出盈亏平衡点，再计算出需要支撑这个盈亏平衡点所需要的各项数据指标。

他们也会根据自己每月的经营目标（如每月赚多少钱），用这个经营模型计算出达成经营目标所需要的各项条件，通过数据的分析就知道具体努力的方向。

为了让你对这个经营模型有一个更深入的认识，接下来我们来看一个案例。

【案例分享】

我在匆匆结束了一个会议后，在美罗大厦前准备打一辆出租车去机场。这时一辆出租车发现了我，非常专业地、径直地停在我的面前。于是有了后面这个让我深感震撼的故事，像上了一堂生动的MBA案例课。为了忠实于这名出租车司机的原意，我凭记忆尽量重复他的原话。

“去哪里……好的，机场。我在徐家汇就喜欢做美罗大厦的生意。这里我只做两个地方的生意：美罗大厦、均瑶大厦。你知道吗?接到你之前，我在美罗大厦门口兜了两圈。终于看到你了，从写字楼里出来的，肯定去得不近。”

“哦？你很有方法嘛！”我附和了一下。

“做出租车司机，也要用科学的方法。”他说。我一愣，顿时很感兴趣：“什么科学的方法？”

“要懂得统计。我做过精确的计算。我说给你听啊。我每天开17小时的车，每小时成本差不多34.5元……”

“怎么算出来的？”我追问。

“你算啊，我每天工作17小时，要交给公司380元，平均到每小时固定成本大概22元，油费大概210元，平均到每小时大概12.5元，这不就是34.5元吗？”

我有些惊讶。我打了10年的车，第一次听到有出租车司机这么计算成本。以前的司机都和我说，每公里成本0.3元，另外每天交多少钱之类的。

“成本是不能按公里算的，只能按时间算。你看，计价器有一个‘检查’功能。你可以看到一天的详细记录。我做过数据分析，每次载客之间的空驶时间平均为7分钟。如果上来一个起步价，10元，大概要开10分钟。也就是说，每一个10元的客人要花17分钟的成本，就是9.8元。不赚钱啊！”

强！听上去这位师傅真不像出租车司机，倒像是一位成本核算师。“那你怎么办呢？”我更感兴趣了，继续问。看来去机场的路上还能学到新东西。

“千万不能被客户拉了满街跑，而是通过选择停车的地点、时间和客户，主动地决定你要去的地方。”我非常惊讶，这听上去很有意思。“有人说做出租车司机是一份靠运气吃饭的职业。我认为不是。你要站在客户的位置上，从客户的角度去思考。”这句话听上去很专业，有点像很多商业管理培训老师说的“put yourself into others' shoes”。

“给你举个例子，在医院门口，一个拿着药的，一个拿着脸盆的，你载哪一个？”我想了想，说不知道。

“你要载那个拿脸盆的。一般人有点小病小痛到医院看一看，拿点药，不一定会去很远的医院。拿着脸盆打车的，那是出院的。住院出来的人通常会有一种重获新生的感觉，重新认识生命的意义，明白健康才最重要。所以出院的人会说：‘走，去青浦。’眼睛都不眨一下。你说他会打车到人民广场，再去坐青浦线吗？绝对不会！”

我不由得开始佩服。

“再给你举个例子。那天在人民广场，有三个人在前面招手。一个年轻女子，拿着小包，刚买完东西。还有一对青年男女，一看就是逛街的。第三个是个里面穿绒衬衫的，外面羽绒服的男子，拿着笔记本包。我看一个人只要3秒钟，就毫不犹豫地停在这个男子面前。

“男子一上车就忍不住问：‘为什么你毫不犹豫地把车开到我面前？前面还有两个人，他们要是想上车，我也不好意思和他们抢。’我回答说：‘中午的时候，还有十几分钟就1点了。那个年轻女子是中午溜出来买东西的，估计公司很近；那对青年男女是游客，没拿什么东西，不会去很远；你是出去办事的，拿着笔记本包，一看就是公务，而且这个时候出去，估计不会近。’那个男子就说：‘你说对了，去宝山。’

“那些在超市门口、地铁口打车，穿着睡衣的人可能去很远吗？可能去机场吗？肯定不可能啊，机场也不可能让他们进啊。”

有道理！我越听就越觉得有意思。

“很多司机抱怨，生意不好做啊，油价又涨了啊，都从别人的身上找原因。我说，你从别人的身上找原因，永远不能提高。从自己身上找找看，问题出在哪里。”这话听起来好熟悉，好像是“如果你不

能改变世界，就改变你自己”的另一种表述，或者是对史蒂芬·柯维提出的“影响圈和关注圈”概念的另一种解读。

“有一次，在南丹路有一个人拦车，去田林。后来又有一次，一个人在南丹路拦车，还是去田林。我就问了，怎么你们从南丹路出来的人，很多是去田林呢？人家说，在南丹路有一个公共汽车总站，我们都是坐公共汽车从浦东到这里，然后搭车去田林的。我恍然大悟。比如你看我们开过的这条路，没有写字楼，没有酒店，什么都没有，只有公共汽车站，站在这里拦车的多半是刚下公共汽车的，再选择一条最短路径打车的，所以在这里拦车的客户通常不会高于15元。”

“所以我说，态度决定一切！”我听十几位总裁讲过这句话，第一次听出租车司机这么说。

“要用科学的方法——统计学来做生意。天天等在地铁站口排队，怎么能赚到钱？每个月就赚500元钱怎么养活老婆和孩子？这就是在谋杀啊！慢性谋杀你的全家。要用知识武装自己。学习知识可以把一个人变成聪明的人，一个聪明的人学习知识可以变成很聪明的人。一个很聪明的人学习知识，可以变成天才。

“有一次一个人打车去火车站，问怎么走。他说这么这么走。我说慢，上高架，再这么这么走。他说，这就绕远了。我说，没关系，你经常走你有经验，你那么走50元，但是如果你按我的走法，等里程表50元了，我就翻表。你只需给50元就好了，多了算我的。按你说的那么走要50分钟，我带你这么走只要25分钟。最后，按我的走法，多走了4公里，快了25分钟，我只收了50元。乘客很高兴，省了10元钱左右。这4公里对我来说就是1元多的油钱。我相当于用1元多钱买了 25

分钟。我刚才说了，我一小时的成本是34.5元，我多合算啊！

“在大众出租车公司，一般司机月薪为3000～4000元。做得好的大概5000元。顶级的司机大概每月能有7000元。全大众2万个司机，大概只有2～3个司机，万里挑一，每个月能拿到8000元以上。我就是这2～3个人中的一个。而且很稳定，基本不会有大的波动。”

太强了！现在，我越来越佩服这个出租车司机。

“我经常说我是一个快乐的车夫。有人说，你是因为赚的钱多，所以快乐。我对他们说，你们正好错了。因为我有快乐、积极的心态，所以赚的钱多。”

说得多好啊！

“要懂得体会工作带给你的美。堵在人民广场的时候，很多司机抱怨，又堵车了，真是倒霉。千万不要这样，要用心体会一下这个城市的美，像这些非常现代化的高楼大厦，虽然我们买不起，但是却可以用欣赏的眼光去享受。开车去机场，看着两边的绿色，冬天是白色的，多美啊！再看看里程表，100 多公里了，就更美了！每一份工作都有它美丽的地方，我们要懂得从工作中体会这种美丽。

“我10年前是强生公司的总经理。8年前在公司做过三个不同部门的部门经理。后来我不干了，一个月就三五千元，没意思，就主动来做司机。我愿意做一个快乐的车夫。哈哈哈哈。”

到了机场，我给他留了一张名片，说：“你有没有兴趣这个星期五，到我办公室，给微软的员工讲一讲你是怎么开出租车的？你就当打着表，60公里一小时，你讲多久，我就付给你多少钱。等你的电话。”

我迫不及待地在飞机上记录下他这堂生动的MBA案例课。

看完这个案例我想说的是，**如果你想成为一个合格的总经理，必须根据你自己的行业特点，把相关的“数据”和“场景”替换一下，这样你就知道要实现目标需要什么样的条件，然后把这个条件所需要的资源配置齐，就可以确保目标的实现。**

第二篇

分工能力

管理要轻松，必须懂分工！
分工分到位，事半又功倍！

分工能力是指总经理在组织结构和人力资源配置方面的能力。包括根据员工的专长和兴趣进行岗位分配，确保每个岗位都匹配到合适的人选，并实现团队的高效协作。

良好的分工能力能够提高工作效率，减少资源浪费，并确保企业目标的顺利实现。

第三章　总经理必须知道如何分工协作

第一节　如何做好企业中各级别的分工，从而实现效率倍增

如果把企业比作人的身体，那么总经理是头，各部门是五脏六腑，中层管理者是腰，基层管理者是腿，员工是脚。企业要想做大做强，必须实现从战略到执行的强大。执行力强就要依靠腰部（中层管理者）和腿部（基层管理者）的强大力量。

在强化企业“腰部”和“腿部”的力量前，总经理必须先构建完整的组织架构，这样才能上下同心，打造利益共同体，提高效率，防止内耗。

我们通过一个案例来解析如何通过纵向分工，让各部门从竞争关系变成一个利益共同体。

【案例分享】

我有一位学员，在福建南平做橱柜生意，开了几家专卖店，招了一些服务员，坐等客户上门。每位服务员的底薪为3000元/月，提成为2%（图3-1）。

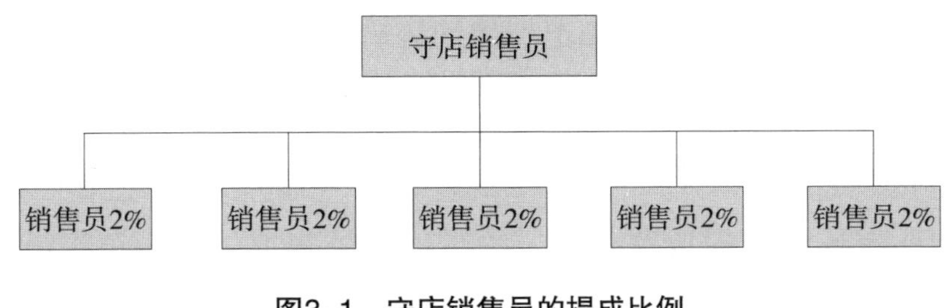

图3-1 守店销售员的提成比例

在学习完“商业思维”课程后，这位总经理认为坐等业务上门不是办法，要主动出击，所以就另外组建了一支销售团队。这支销售团队的主要工作就是扫楼，把公司的宣传单派发到各个小区、各大楼盘，吸引新客户到店购买。根据他们的工作性质，每位销售员的底薪1500元/月，提成7%（图3-2）。

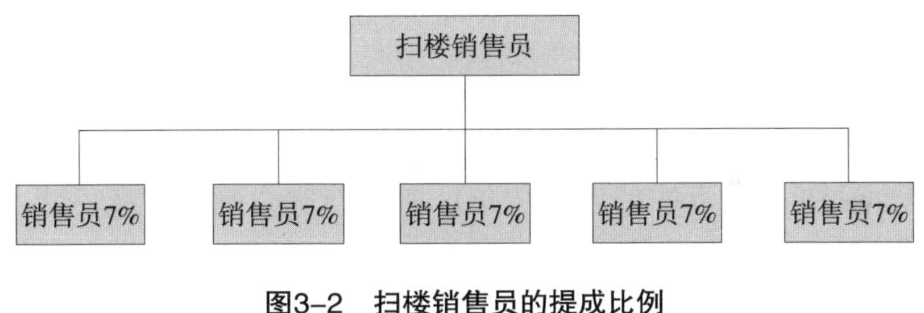

图3-2 扫楼销售员的提成比例

通过总经理的这一番操作，将会出现什么问题？同样是卖橱柜，扫楼销售员提成7%，守店销售员提成2%，守店销售员肯定会心理不平衡，两拨人之间一定会发生竞争和内耗，我们可以模拟一下场景。

场景一：扫楼销售员A在某小区中派发传单，工作期间邀请一位新客户到店体验，一旦成交，扫楼销售员A将拿到7%的提成。但新客户到店后，负责接待的是守店销售员B。虽然他的本职工作就是接待新客户，但此单业绩却和他无关，所以守店销售员B对待新客户敷衍了事，结果就是守店销售员B把扫楼销售员A的新客户给“赶跑”了。

场景二：扫楼销售员A在某小区中派发传单，新客户在看到传单后颇感兴趣，拿着传单到店体验。按照公司规定，客户拿着谁派发的传单到店，成交后提成就归谁。为了能拿到提成，守店销售员B会通过各种手段将客户“据为己有”，抢占了本该属于扫楼销售员A的利益，打击了扫楼销售员A的积极性。

大家深入思考一下，为什么会发生以上两种情况？

问题在于扫楼销售员A和守店销售员B没有形成利益捆绑关系，而是形成了相互竞争关系，所以无形中加大了企业的内耗。

要想破局，最好的方法就是重新设计一个组织架构，把守店销售员和扫楼销售员进行利益捆绑，让两个团队明确分工、相互协作。

组织架构调整后，把守店销售员变成守店经理，扫楼销售员变成业务员。业务员负责四处发放传单，邀请新客户到店体验，之后由守店经理进行销售。成交后守店经理拿到2%的团队奖，业务员拿到7%的个人提成。通过这样的利益捆绑，大家会齐心协力成交新客户，从而提升公司的整体业绩（图3–3）。

组织架构调整前，总经理需要给出的提成比例最高为7%。组织架构调整后，总经理需要给出的提成比例变为了9%。有些总经理可能会舍不得这2%，但我想告诉大家的是，总经理不要只专注于花出去的钱，更要计算清楚花钱的同时赚了多少钱。还是那句话，钱是赚出来的，不是省出来的。

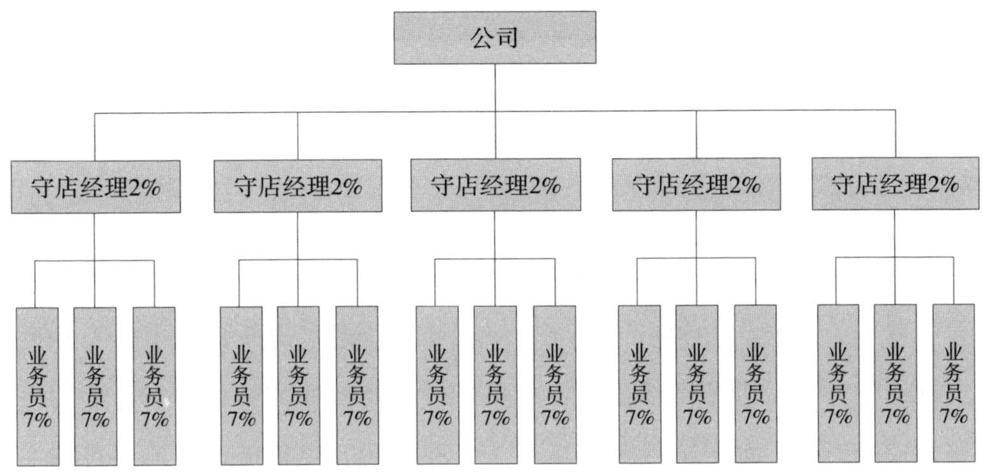

图3–3　调整后公司的组织架构和提成比例

如果有些总经理实在不愿意多出这2%的提成，就需要具有强大的说服力，看看能否说服负责扫楼的业务员，让他们从自己的销售提成中主动拿出一部分交给守店经理，从而达成两个部门在业务流程上的良好协作关系。

通过这样一番操作，总经理给出的提成比例虽然还是7%，但团队的凝聚力会得到极大的提升，协作能力也会得到大幅提高，从而公司的整体业绩也会越来越好。

为什么很多时候总经理因为担心员工离职而把自己搞得心力交瘁？这是因为公司在构建组织架构前，总经理和员工的关系过于直接（图3–4）。

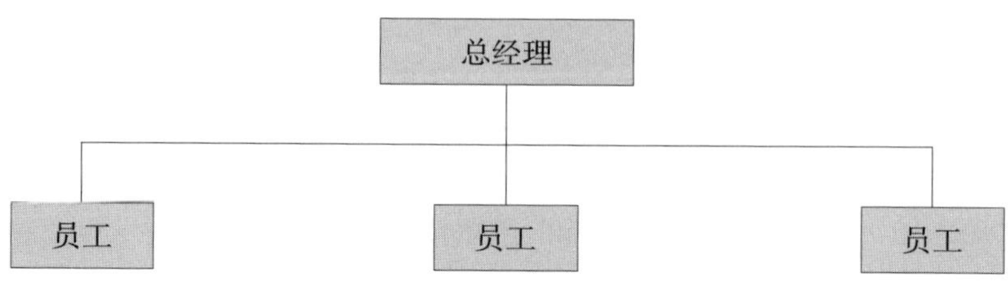

图3–4　调整前公司的组织架构

这就意味着，如果员工跑了，就没有人为总经理干活儿了，总经理自然损失最大。为了留住员工，总经理的常规操作就是加薪，可加薪也有封顶的时候，如果一段时间后员工又要离职，总经理还要不要继续加薪？如果总经理不再继续加薪，就只能看着员工离开。所以总经理必须改变和员工之间的直接关系，比如增加一位经理（图3–5）。

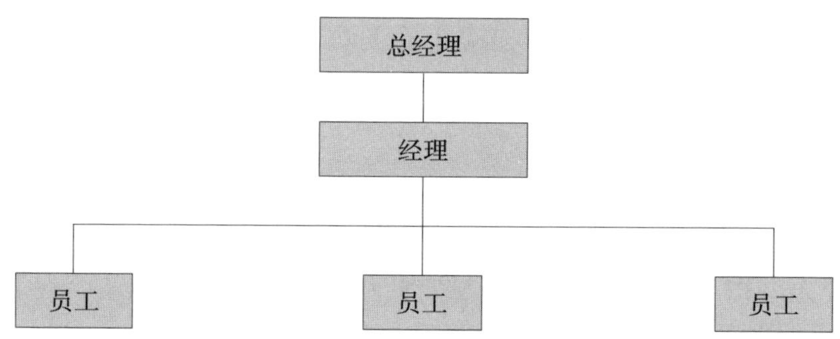

图3–5　增加经理职位后公司的组织架构

这时，如果员工要离职，损失最大的就不再是总经理，而是经理了。因为随着团队人数的减少，经理拿到的业绩提成也会减少，在这种情况下，经理会比总经理更积极地想办法留住员工。而经理挽留员工的方式可能就会变为情感攻势，一起吃饭、喝酒、谈心……也许这些方式比总经理的加薪更有成效。如果在组织架构中再增加一位总监，情况又会有何变化呢（图3–6）？

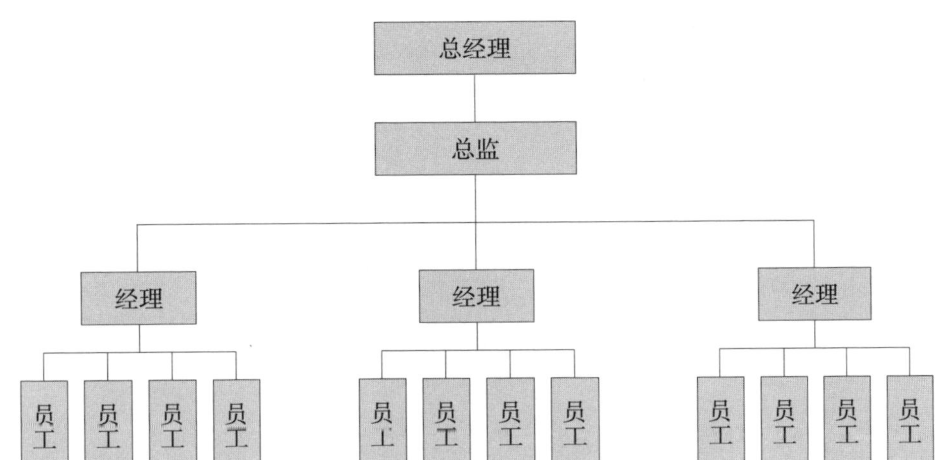

图3–6 增加总监职位后公司的组织架构

这样公司中又多了一人帮总经理分忧，总经理需要关注和处理的事情自然就会减少。当一家公司拥有数位总监、数位经理时，每个管理者都会想办法管好自己的下属，这时候团队就会非常稳固。

在公司管理中，业务问题背后是管理问题，管理问题背后是文化问题，文化问题背后是价值观问题，价值观问题背后是奖惩问题，奖惩问题背后是考核问题，考核问题背后是机制问题，机制问题背后是利益问题！

管理是建立在利益之上的，如果没有把钱分配好，是不可能有人愿意一直追随你的。有些总经理愿意分钱，但不懂得如何分。结果钱分得不少，业绩却依然无法突破。

愿不愿分，是胸怀问题；会不会分，是技术问题。

其实，分钱的前提是分工，如果分工分不好，钱肯定也分不好。

【案例分享】

我有一位学员是房地产中介，他设计的利益分配结构简单粗暴：总经理50%，业务员50%（图3–7）。

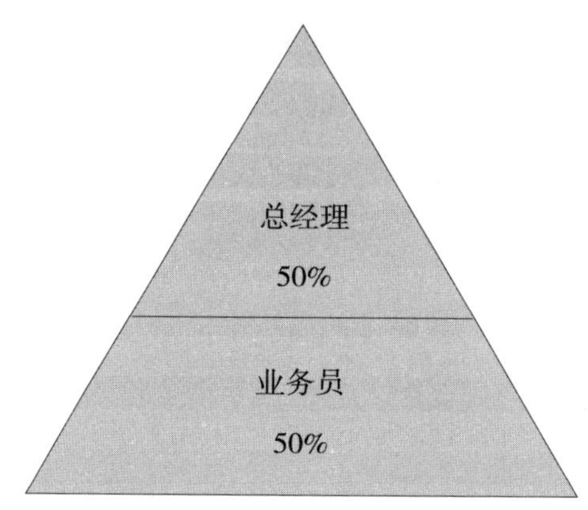

图3–7　房地产中介公司的利益分配结构

基于这样的利益分配结构，这家公司的业务员人数快速增加。可达到50人时，业绩开始停滞不前，总经理也疲于奔命。毕竟总经理一个人要直线管理50位业务员，仅是开会安排工作，就已经精疲力尽了（图3–8）。

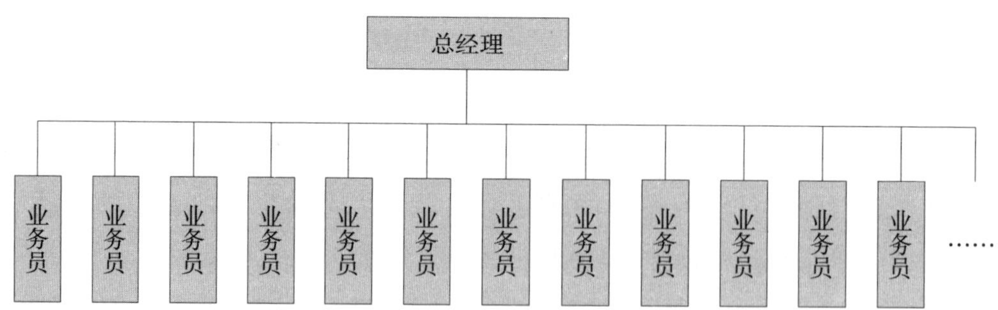

图3–8　房地产中介公司的组织架构

既然总经理这么累，为什么不聘请经理来直接管理业务员呢？这位总经理给我的回复是："没有人愿意当经理。"

为什么没有人愿意当经理？我们来详细地分析一下。经理的岗位职责是管理员工、培训员工，从而达成预期的业绩目标。可是我们看一看这家公司的利益分配结构，总经理提成50%、业务员提成50%，钱都已经分完了，经理承担了责任，却无法获得任何利益，还不如当个普通员工。

所以这家房地产中介公司要想改变现状，必须对利益进行重新分配，让经理也获得相应的好处，可以调整为总经理提成50%、经理团队管理提成10%、业务员提成40%（图3–9）。

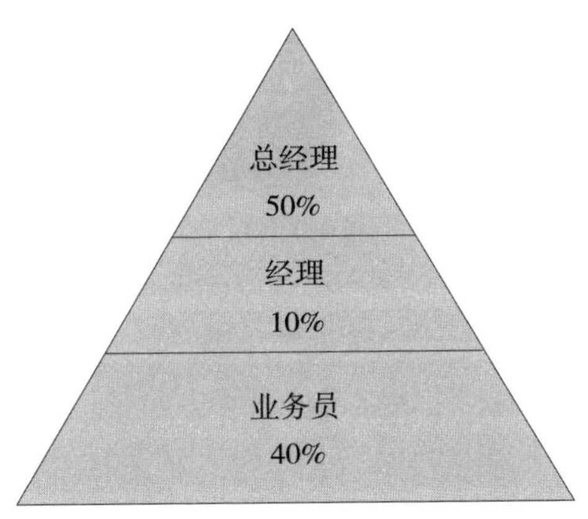

图3–9 调整后的房地产中介公司的利益分配结构

这样的调整在理论上没有任何问题，可是大家想一想，在实际操作中有没有困难？业务员的提成从原本的50%降为40%，业务员干不干？肯定不干。那么，我们如何让业务员心甘情愿地接受公司的薪酬改革呢？接下来这套话术送给大家：

小王，你看以前做销售，成交一单就能拿到50%的提成，收入确实不错，可相对也非常辛苦，都是你自己单打独斗，你为很多客户付出了很多时间和精力，最终还是一无所获。现在，我请了一位非常优秀的销售冠军当你的师傅，他会把他的成功经验通通教给你，而且当你遇到难以成交的客户时，他还可以帮助你成交，可以极大地提高你的成交率。你们可以作为一个团队共同完成销售，最终提成你拿40%，你的师傅拿10%，虽然单笔的收入有所减少，但成交量会增加，整体算下来你的收入肯定是只多不少的。

当业务员愿意接受新的利益分配结构后，就有了新的组织架构图（图3–10）。

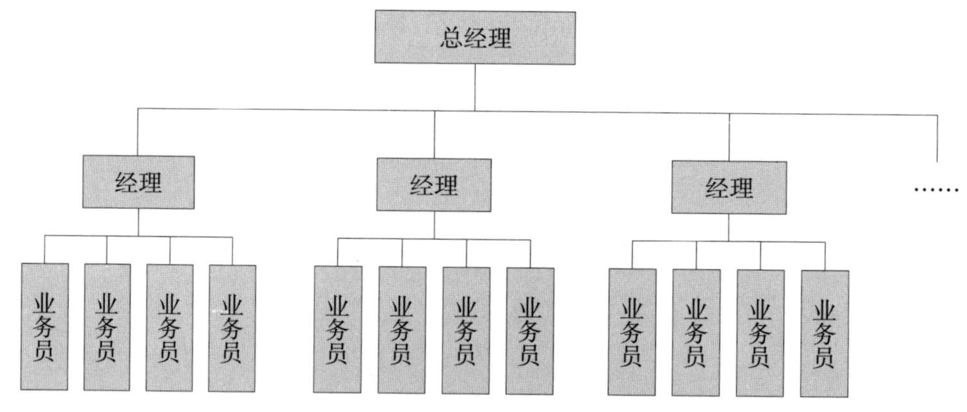

图3–10　调整后房地产中介公司的组织架构

我们可以把50个业务员拆分为5个团队，根据规则评选出5位经理。原来总经理一个人要直接面对50个业务员，现在总经理只需面对5位经理就可以了。

在这里我要特别强调，经理不是随随便便选出来的，**公司必须制**

定明确的晋升规则，只有满足各项指标的人，才能胜任经理的职务，这是核心关键。

之所以我要特别强调这一点，是因为我的一些学员就犯过类似的错误。我说总经理不能一个人管理公司的所有人，组织架构中必须有经理，有些总经理立马就按照自己的喜好直接进行任命。如果这个人有能力担任经理一职的话，没有任何问题，但大多数情况是总经理把不合适的人放在了不合适的位置上，经理无法胜任职务，员工也不服从管理，对团队造成了更大的伤害。所以，公司需要制定一套完整的晋升机制，明确地告诉员工如何才能升职加薪。

以我的经验来说，我建议各位总经理可以选择PK的方式评选经理。比如在接下来的3个月内，销售业绩达到公司前10名（此项为业绩指标，占比60%～80%），价值观和能力达到某种标准（此项为行为指标，占比20%～40%），经过总经理面试和员工投票，分数排名前5位的业务员，可以晋升为经理。

有了明确的晋升机制，接下来的3个月，这50个业务员是不是会加倍努力？因为只要能当上经理，不仅可以拿到40%的业绩提成，还可以拿到10%的团队管理提成。所以，业务员们为了获得更高的收入和更好的职位会努力奋斗，企业的业绩自然就会变得更好。

当5位经理上任后，总经理就从管理50个业务员的基层管理者，变成了管理5位经理的中层管理者。

随着公司发展，业务员的数量会逐步增加，经理的数量也会随之增加。假设业务员数量达到500人，对应的经理数量就增加到50人，这时总经理就需要直接管理50位经理，这又回归到最初总经理直接管理50位业务员的状态，显然是不行的。因此，就需要制定新的晋升机制，在50位经理中再选出5位总监，也就是从基层管理者中选拔出中层管理者。

当5位总监上任后，总经理就从管理50位经理的中层管理者变成管理5位总监的高层管理者，成为真正的总经理（图3-11）。

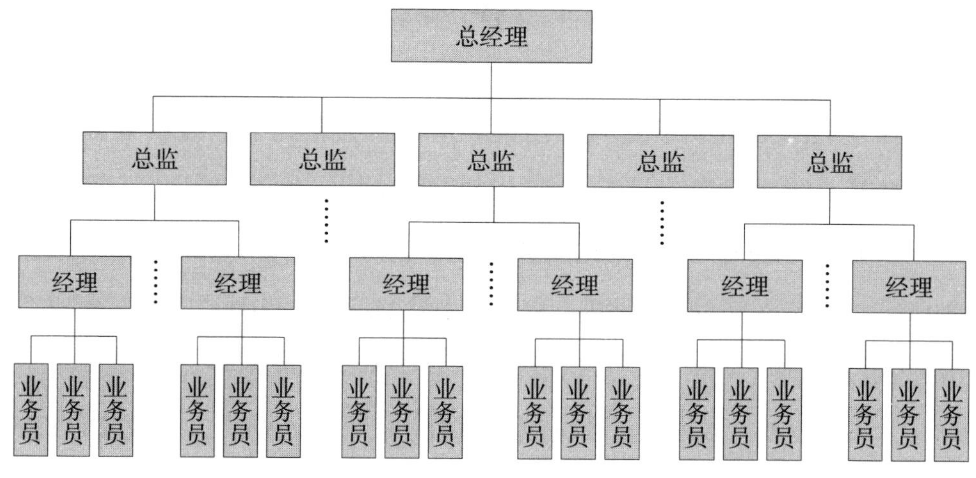

图3-11　发展壮大后房地产中介公司的组织架构

为何韩信能统领百万大军？因为他知道如何选择将领，而这些将领能够管理好自己的兵，所以韩信只需管理好这些将领即可。

改变了公司的组织架构，那么问题又来了。现在新增了总监一职，肯定要拿出相应的利益进行分配，否则又会出现无人可用的局面。但钱已经分完了，怎么办？

企业在发展过程中必须不断地优化流程和组织架构，以便员工更好地进行分工协作，否则就会停滞不前，这个过程就是所谓的改革。

分工的细化会涉及利益的重新分配，很多“既得利益者”没有办

法站在公司层面思考，只关注自己原有的利益被分配出去，却没有考虑到通过分工细化可以提高公司的生产力，为自己带来更大的利益，这些人最终成为公司改革的阻力。

如果这时从业务员的利益中再拿出10%分配给总监，很可能销售团队就自动解散了。如果从总经理的利益中拿出10%分配给总监，再加上运营成本，总经理可能就白忙活了。这样就只剩下了经理的利益，但经理也只有10%，拿出来再分配也不现实。这种情况下要怎么办?

有两种解决方案：方案一是总经理和业务员各自拿出5%，也就是总经理45%、总监10%、经理10%、业务员35%，这种利益分配结构是最合理的；方案二是其他岗位提成不变，总经理拿出5%，也就是总经理45%、总监5%、经理10%、业务员40%（图3–12）。

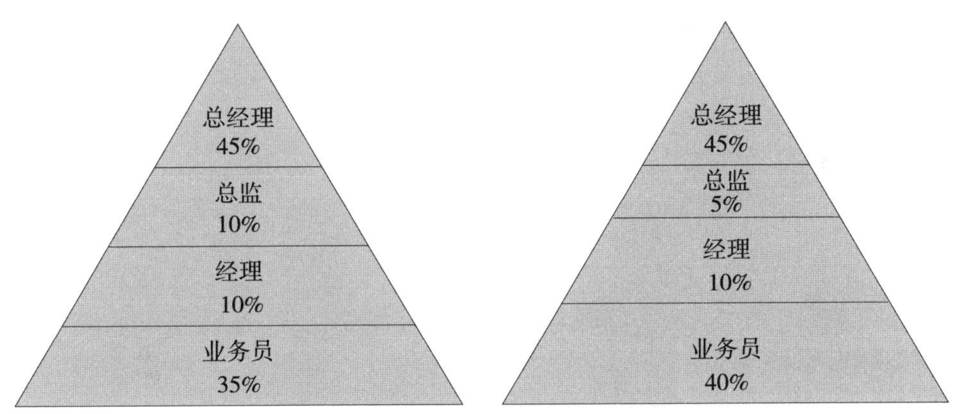

图3–12 发展壮大后房地产中介公司的两种利益分配结构

通过正确的组织架构设计，不仅可以更合理地分钱，还可以帮助公司提高管理效率，同时减轻总经理的工作量。

当我们制定好了组织架构后，就要厘清层级关系，**让每一位员工**

都可以清晰地知道自己的部门归属、职级和岗位职责。在工作中，知道工作向谁汇报、有问题找谁协助，明确谁管谁、谁被谁管。

如果上下级关系界定不清，工作中就会出现多头领导、各自为政、谁也不服谁的情况，导致人浮于事，相互推卸责任，以致公司顶层战略无法落地，中层干部无法承上启下，基层员工一头雾水。

我们要让每一个员工都清楚**自己未来的发展方向，从而制定自己的职业生涯规划**。如果企业没有设计好员工的职业生涯规划，没有晋升机制，不仅吸引不到人，而且无法留住人，更不知道如何培养人，最终导致优秀人才频繁流失。

很多总经理习惯越级指挥，最终导致很多管理岗位形同虚设。长此以往，不仅会让管理者没有成就感，员工也不会把他的直属领导放在眼里，这样总经理自然会越干越累。

企业架构中一般有四个层级（图3–13）：

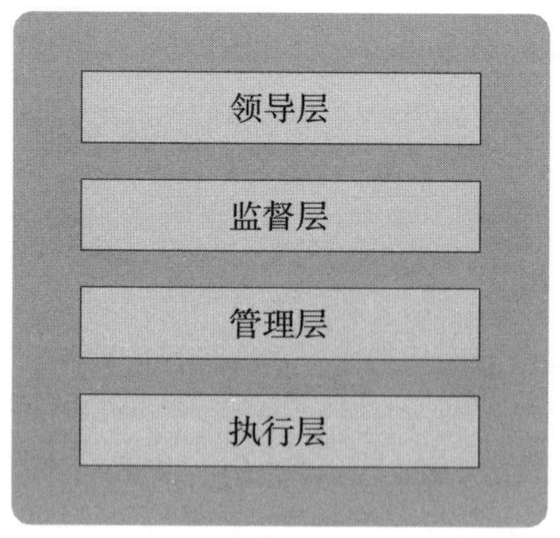

图3–13　企业架构中的四个层级

领导层——高层；

监督层——中高层；

管理层——中层；

执行层——基层。

领导层是总经理，主要任务是建立企业文化，营造氛围，制定好奖惩机制，找对人。

领导层要问自己三个问题：为什么干？干什么？谁来干？

执行层、管理层、监督层也要问自己三个问题：为什么干？干什么？如何干？

监督层是中高层管理者，主要任务是建立管理体系，理顺业务流程。监督层必须根据一线管理者的实时反馈，不断优化公司的业务流程，完善公司的管理体系，通过管理层达成目标。

很多企业管理体系不完善，总经理不知道流程体系如何建立，所以采用外部空降职业经理人的方式，以为这样就可以放手不管了。其实，这种想法和做法是完全错误的。职业经理人的作用是把优秀的流程体系带进公司，如果做不到这一点，就没必要请职业经理人。

企业管理要想成功，要么自创一套流程体系，要么直接借鉴别人已经行之有效的流程体系。自创的流程体系一定是源于基层实践的经验总结，中高层管理者一定是从基层管理者中提拔上来的。

管理层是基层管理者，主要任务是建立团队，通过执行层达成目标。因为目标是通过他人完成的，所以管理层具有监督和指导的职能。

管理层需要凝聚团队，激发团队活力。有些管理者虽然会教，且团队业绩很出色，但是不懂得说话的艺术，导致人员流失率居高不下，这对于公司的发展也是极其不利的。

在市场环境较好的情况下，企业的业绩也会不错，这时对管理层的要求也不会太高。可一旦市场情况变得不好，就需要管理层运用优秀的管理能力，带领团队突破逆境，帮助公司力挽狂澜，所以此时对管理层的要求是最高的。

执行层是企业中的基层员工，主要任务是建立信任。执行层需要通过自身的工作能力和工作成果获得客户、同事和上级的信任，从而步步高升，被公司委以重任。

执行层的员工要想晋升为管理者，必须具备总结和复制的能力，要会做、会说、会教。管理者的核心是通过团队得到结果，如果执行层的员工能把自己的经验复制给他人且得到结果，就说明他有带领团队的能力，这样的人才可以晋升为管理者。

在很多公司里，总经理会把业绩突出的业务员晋升为经理，可成为经理后，业务员不仅没有把成功的经验复制给团队，连自己的业绩都做不好，结果适得其反。

从图3-14中可以看出，四个层级具有不同的工作重心。

领导层——重在领导和监督，不做具体执行；

监督层——重在监督，管理、执行相对较少；

管理层——重在管理，同时要建立团队；

执行层——重在执行，同时要学会管理自己。

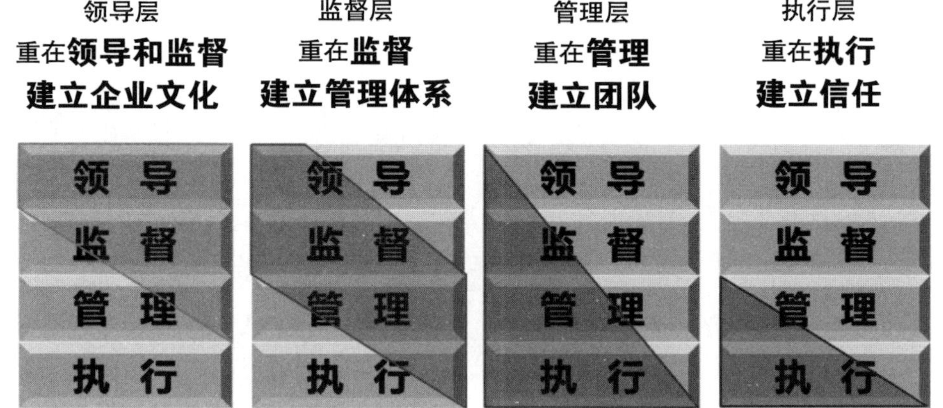

图3–14 企业架构中四个层级的工作重心

层级越往下就越务实，层级越往上就越务虚，因此企业只有虚实结合，才能越做越好。

在企业管理中，不同层级的员工负责的事项不同，思考的维度也不一样。很多员工职务晋升了，但思考的维度却没有提升，结果当然不尽如人意。

企业管理混乱的原因是组织系统不完善，岗位分工不明确，一人身兼数职，导致角色混乱。比如公司总经理，既是领导者，又是管理者，还是监督者，外加执行者。但很多时候总经理并没有意识到自己扮演了多重角色，仅专注于某一角色，忽略了其他角色，因此给管理工作带来了巨大的困难。

在企业架构中，员工分为四种角色（图3–15）。

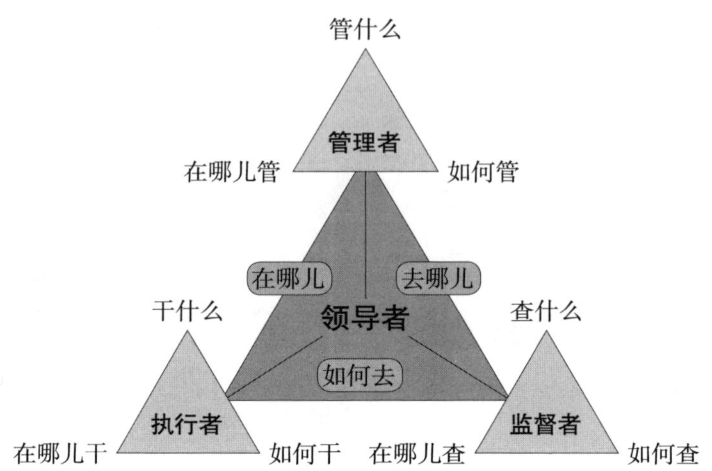

图3-15 企业架构中的四种角色

角色一：领导者。

关键词：去哪儿，在哪儿，如何去。

领导者最重要的任务是定方向，制定公司的战略方向，确保公司做正确的事情，这叫作“去哪儿”。

领导者需要指挥好团队作战，而不是自己挽起袖子埋头苦干。总经理切记不要扎到事务性的工作里去，抢了经理该干的活儿，要留出时间洞察市场、规划战略、运筹帷幄，千万不要用战术上的勤奋掩盖战略上的懒惰。

当一位领导者不成熟的时候，眼中看到的全是机会，什么项目都想做。然而没有一家公司是可以赚所有人的钱的，必须把有限的资源和精力用在最具优势的地方。所以领导者在明确“去哪儿”之后，就要搞清楚自己“在哪儿”，也就是要知道企业的核心优势是什么。只有清楚企业“在哪儿”，才能根据“去哪儿”制定出最佳策略，从而决定“如何去”。

角色二：监督者。

关键词：查什么，在哪儿查，如何查。

监督就是检查，监督不到位，总经理两行泪！很多总经理总爱说“你办事我放心”这句话，但这种盲目的信任是存在极大风险的。

领导者可以授权，但绝对不能弃权。特别是在公司的流程还不完善的情况下，一定要加强监督，严控流程，发现问题及时解决，将风险扼杀在萌芽阶段。

角色三：管理者。

关键词：管什么，在哪儿管，如何管。

管理者必须知道自己该管什么。该你管的你必须管，不该你管的坚决不要管。

企业是一个协同作战的整体，各部门的管理者不能只从本部门的利益出发，而要从全局角度思考，想办法协调好各部门之间的协同合作，从而实现共赢的结果。

管理最重要的就是管理节点、理顺流程。所以管理的原则就是随时、随地、随人、随事。因此，管理者不能总坐在办公室里打电话、听汇报，一定要实行走动式管理，亲赴一线指挥作战，清晰地了解业务流程中各个环节的实际情况，如此才能够真正地把流程理顺，确保达成目标。

角色四：执行者。

关键词：干什么，在哪儿干，如何干。

“干什么”是基于岗位职责，是上级领导指派的任务目标；“在哪儿干”是基于业务流程；“如何干”是基于业务技巧。如果一家公司的执行力不行，一定是公司的目标管理系统出了问题，管理者必须明确地告诉执行者干什么、为什么干，并帮助执行者提升实干的能力。

执行者不需要有自己的思想，不可以自作主张，只需按照公司既定的业务流程和规章制度进行，高效完成工作即可。如果执行过程中出现问题，一定是业务流程的问题，这时监督者就要对业务流程进行修正，使企业内部各层级都发挥作用，确保达成目标。

第二节　如何搭建企业的管理框架，从而打造自动自发的团队

大多数公司管理混乱的原因是框架不明，职责不清！

在企业经营管理中，董事长的职责是制定好公司的战略方向，管好人和钱。简单来说，就是找人、找钱、找方向。

董事长如果想要身心解放，必须归位。若公司出现突发情况时，总经理可以补位，但绝对不能错位和越位。

错位是干了下属该干的事；

越位是越级管理员工；

补位是临时填补空缺，但要尽快招人替换；

归位是做自己应该做的事，思考该思考的事，不管不该管的事，不问不该问的事。

在企业中，正确的分工应该是这样的：

董事长负责战略，总经理负责执行，营销总监负责增收，产品总监负责产品研发，财务总监负责结算，人事总监负责奖罚，行政总监

负责保障。

经营好的企业和经营一般的企业有什么区别?

经营好的企业：业务员做经理的事，经理做总监的事，总监做总经理的事，总经理做董事长的事，董事长无事可做，于是董事长就做社会上的事，参加慈善活动、发表演讲、外出学习。

经营一般的企业：董事长做总经理的事，总经理做总监的事，总监做经理的事，经理做业务员的事，结果业务员无事可做，天天聚在一起说董事长的坏话、上司的坏话、公司的坏话。

请问你的公司属于哪一种?

【案例分享】

我们来分析一家医美公司的组织架构（图3-16），看看这家企业到底出了什么问题。

这家医美公司的董事长就是典型的老板太能干，把本应属于其他人的工作自己都干了，导致员工无事可干。我们来看看，这位董事长直接管理了哪些人员及部门：经营院长、董事长助理、人事部、财务部、医护部和企划部。

除了老板过于能干之外，这家医美公司还有很多分工不清的地方。比如，后勤保障中心分管的行政部，应该同时承担人事部的职能，但这家医美公司却让行政部承担了本该由营销中心负责的VIP客户服务工作。

另外，经营院长的本职工作应该是管理好营销中心、产品中心和行政中心，但从这家医美公司的组织架构上看，经营院长没有负责全部的营销工作，而是对营销工作进行了拆分。

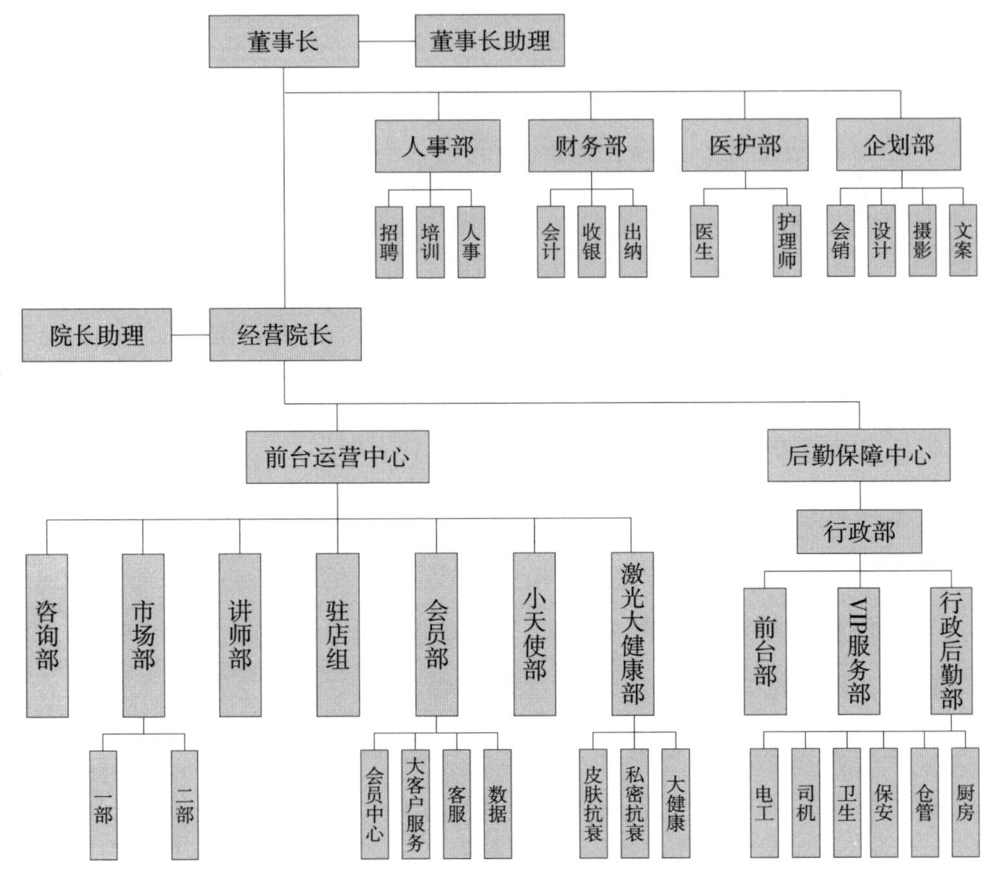

图3-16　医美公司的组织架构

更不合理的是，董事长和经营院长分别配备了助理，助理这个岗位在这家医美公司中没有明确的责任划分，权力却很大。从这家医美公司的组织架构来看，董事长助理的职务比经营院长还要高，权力自然比经营院长还要大，但董事长助理又不需要对企业的经营结果负责。

所以这家医美公司的组织架构可以用一句话总结：该管的不管，不该管的乱管！

我们以明确分工为原则，重新梳理了这家医美公司的组织架构（图3–17）。

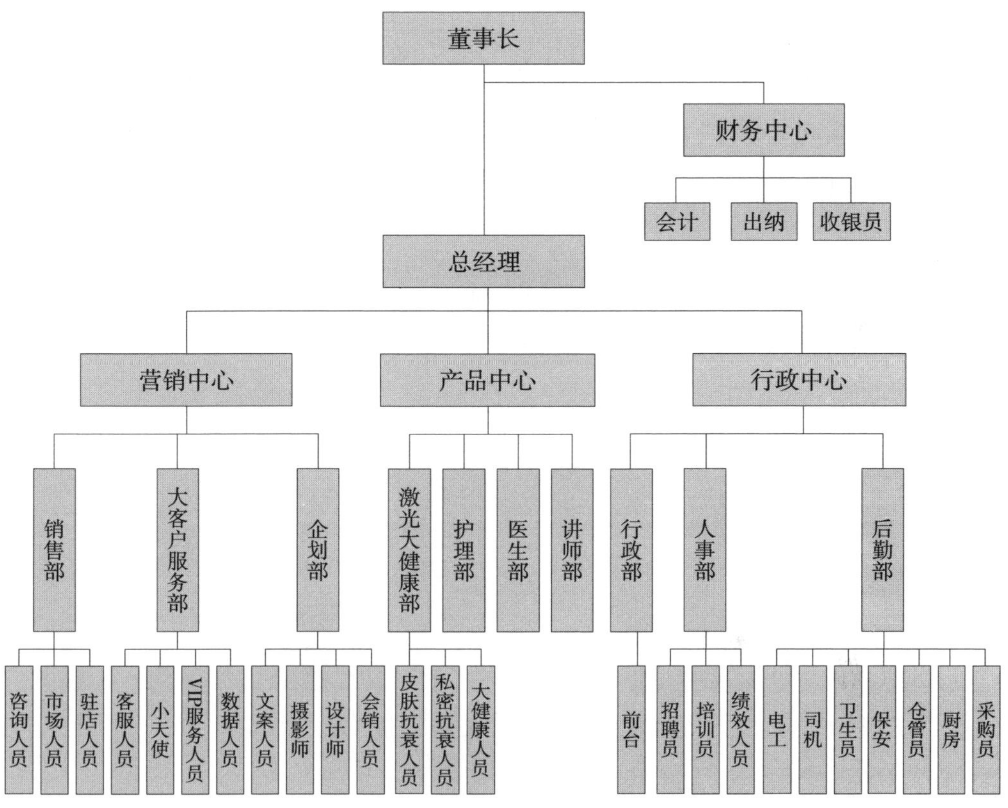

图3–17 优化后医美公司的组织架构

管理的目的是让公司的业务活动有序运行，也就是要确保业务价值链的流程顺畅，对业务流程的所有节点进行组织和管控，确保每一个环节都能有效运行，从而得到最高的投资回报率。为了提高效率，我们设置了不同的部门和岗位，目的是分工和协作。

很多人之所以管理不好公司，主要是因为既没有一个基本的组织

架构，也没有业务流程，既不知道横向分工——部门和岗位的设计，也不知道纵向分工——层级的设计，因此没有办法对人员进行有效分工。

横向分工是基于企业的“业务价值链”，显示各部门、各岗位职能之间的横向协调关系，即平行职级之间的关系，体现的是企业内部的工作流程（图3-18）。

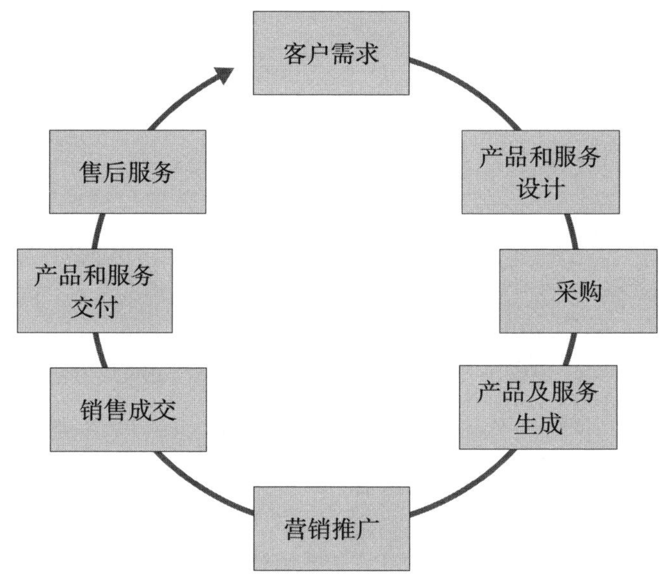

图3-18　业务价值链

如果企业没有办法厘清企业的业务价值链，就不知道如何设定企业的部门和岗位，不知道该招聘什么人，自然也就不知道如何设定薪酬标准，无法明确责、权、利，这是很多企业无法做大做强的根本原因。

基于业务价值链，我们把相同的业务放在同一部门中，找到一位既熟悉业务，又能调动大家积极性，同时可以确保业务顺畅运行的管理者。

根据以上要求，企业内部会产生四个中心来支撑一家企业的有效运行。

（1）财：战略中心。

（2）人：行政中心。

（3）产：产品中心。

（4）销：营销中心。

正所谓“麻雀虽小，五脏俱全”。现在很多公司的部门设置是不完善的，有些销售型公司只有营销中心，有些制造业公司只有生产中心，有些小公司甚至连财务部都没有。企业内部缺胳膊短腿，怎么能发展得好？

请问：人和老虎相比，谁的力气更大？

答案显而易见，肯定是老虎更胜一筹。但为什么力气不敌老虎的人，却能抓到老虎并将其驯服呢？因为人类知道协作，而分工的目的就是为了更好地协作。

企业要想让团队成员高效协作，必须制定好组织架构。明确组织架构才能有效分工，有效分工才能高效协作，高效协作才能“1+1+1>3”，最终提升组织的整体效能。

很多总经理在管理企业的过程中，通常存在三大困惑：

（1）总感觉企业缺人，但又不知道到底缺什么样的人。

（2）招揽到了人才，但又不知道什么岗位和职务最适合他。

（3）员工经常越位、错位、缺位、补位，搞不清楚到底谁管谁，谁又被谁管。

如果这三大困惑不解决，企业很难有序经营，总经理就成了“救火队长”。

希望大家能认真看接下来的内容，我将通过“案例分享”为你指点迷津。

【案例分享】

2008年，我和一位生产汽车坐垫的朋友聊天，一见面，他就开始向我诉苦。

他说：“兄弟呀，你看我的公司，每年的销售额都在1800万元上下徘徊，怎么都突破不了。我想着可能是员工数量不够，就招了不少新员工，可招来的人总是干不了几个月就离职了，最后留在公司的还是那二十几个人，我现在都不知道怎么办了。”

看他一脸郁闷的样子，我就想着帮他一把，我说：“没事，你先把你公司的组织架构图画给我看看，我帮你想想办法。”

让我没想到的是，我这位兄弟竟然问我什么是组织架构图。后来经过我的一番讲解，他终于画出了他公司成立几年来的第一张组织架构图（图3-19）。

请大家仔细看图3-19的组织架构图，你们觉得有什么问题吗？

没有发现问题的就要特别注意了，可能你的公司也犯了同样致命的错误。这个组织架构图的问题在于老板“一肩挑”，董事长、总经理、营销总监、销售经理……这些关键岗位全部由老板负责。其实这种现象在中小公司很常见，老板是全能手，通常只做一件事，那就是所有的事。

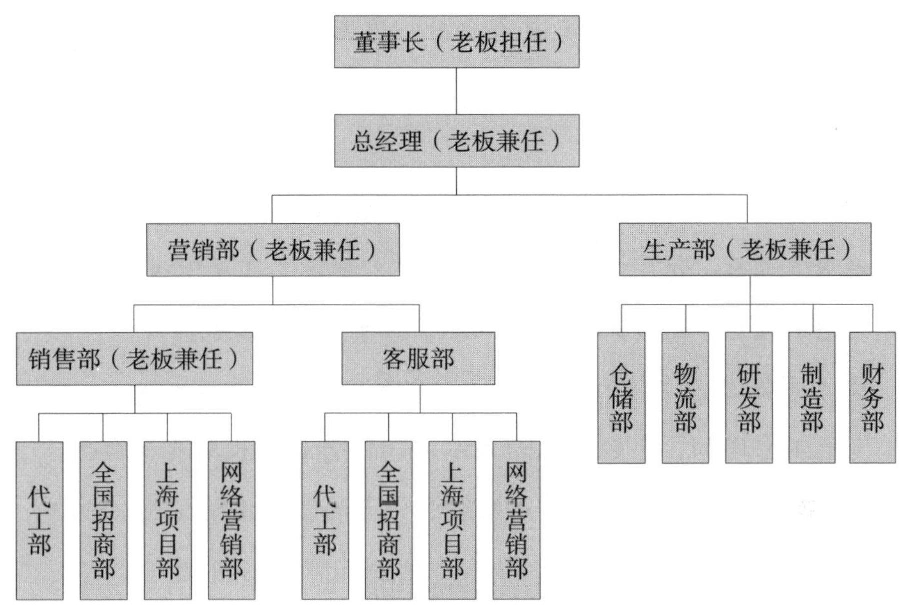

图3–19　汽车坐垫公司的组织架构

当公司规模小的时候，老板身兼数职是非常正常的，但一个人的时间和精力毕竟有限，很难做到面面俱到。一旦公司发展壮大，需要处理的事务呈几何倍数增长时，老板就会分身乏术，只能处理最紧急的事项，最终把自己变成了“救火队长”。这就是为什么越是大企业，越需要聘请专业人才来管理的根本原因。

招聘专业人才，必须先制定人才标准，所以岗位职责一定要足够清晰，而岗位职责又是由组织架构决定的，所以构建一个完整的组织架构至关重要。

假设公司没有一个完整的组织架构，总经理就不知道公司需要哪方面的人才，也就说不清对应岗位的薪酬标准和考核指标，其结果肯定是工作混乱、效率低下。

我们接着分析这家汽车坐垫公司。这家汽车坐垫公司开设了一家淘宝店，配备了3个运营人员，固定工资，无业绩提成，每个月的考核指标是18万元销售额。

运营人员A：老员工，最早入职，工资5000元/月。

运营人员B：老员工，比运营人员A入职晚，工资3000元/月。

运营人员C：新员工，最晚入职，工资1500元/月。

由于薪酬固定，对于运营人员来说产品少卖工资不会减少，产品多卖工资也不会增加，导致员工动力不足，销售业绩长期没有起色，于是我重新梳理了这家汽车坐垫公司网络营销部的组织架构（图3–20）。

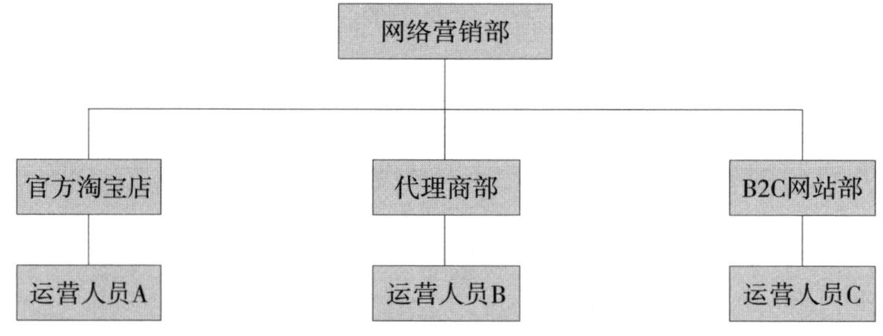

图3–20　网络营销部的组织架构

在分工方面，运营人员A负责运营本公司的官方淘宝店，运营人员B负责开发代理商及代发货，运营人员C负责B2C网站的供货。

在薪酬方面，3个运营人员的底薪全部调整为1500元/月，根据产品类型，每卖出一件，提成5～10元。

两个月后，我进行了回访，我的朋友告诉我："改革前，员工5点30分准时下班，让他们加班绝对不可能。改革后，我都不需要盯着，深夜12点他们还在和客户沟通，努力卖货呢！现在仅一个官方淘宝店，每个月的销售额就有36万元，比以前3个人加起来卖得都多，这是我以前想都不敢想的。”

这就是通过明确分工实现业绩倍增的典型案例。原来3个运营人员负责一个官方淘宝店，责、权、利划分不明确，根本激发不了员工的主观能动性。通过重新划定分工，确定了3个运营人员的责任和权力，再加上利益的合理分配，销售业绩自然就提升了。

企业需要构建清晰的组织架构，明确岗位职责、权力和薪酬标准。换句话说，企业要明确员工在相应岗位上的责、权、利。

接下来，我们继续来分析这家汽车坐垫公司其他业务渠道销售额无法提升的原因。希望大家能举一反三，找到阻碍公司业绩增长的根源，从而实现公司业绩暴涨、老板身心解放。

这家汽车坐垫公司业务遍布全国，其中上海市的销售额最高。上海市场部的业绩能达到15万元/月，市场占有率为30%。根据这些信息，我问老板：“如果员工全力以赴，上海市场的占有率最高可以做到多少？”他说：“绝对可以做到90%。”

我们来算笔账，市场占有率为30%，对应的营业额是15万元/月，如果市场占有率提升到90%，营业额是不是就可以翻3倍，做到45万元/月？其中的差值有30万元。为什么这30万元汽车坐垫公司没有赚到？问题就出在上海市场部的内部分工上。

上海市场部有两位不同级别的负责人，他们都负责该公司在上海市的销售，但没有在地域上进一步划分他们各自负责的范围。另外，这两位负责人又同时兼任仓储经理、物流经理和招商经理。

其实，这是中小公司的通病——员工身兼数职。一个人的时间和精力是有限的，如果负责人想管好仓储，就没有时间开拓市场；如果用心去开拓市场，就没有时间安排好物流。表面上看公司节省了人力成本，一人多用，实际上却是对人力资源的极大浪费。

浪费是在哪里产生的？让我们来好好分析一下。上海市场部的两位负责人都是销售高手，作为销售人员，他们都是为公司赚钱的人，如果能一心扑在开拓市场上，就能帮助公司在短时间内快速提升业绩。然而，这两位负责人又兼任了仓储经理、物流经理和招商经理的职务，作为后勤保障人员，他们都是为公司花钱的人，即使所有时间都花在优化流程上，为公司创造的价值依然有限。正是因为后勤保障工作占用了两位负责人的销售时间，所以公司的市场占有率才做不上去。

既然这笔生意如此不划算，为什么老板还是让员工身兼数职呢？原因很简单，因为老板不懂得基本的管理知识，不会算账，自认为节省了人力成本，结果却是捡了芝麻，丢了西瓜，最后亏的还是自己。

我反复强调钱不是省出来的，而是赚出来的。

各位老板，请问月薪1万元，你能否招到一位优秀的仓储经理？月薪1万元，你能否招到一位优秀的物流经理？当然可以。也就是说，这家汽车坐垫公司每月虽然节省了2万元的工资，却也白白流失了30万元的销售额。

其实企业的业绩是可以计算出来的，我们还是用该案例来进行分析。

假设上海市场部的销售额能做到45万元/月，公司在其他省市再另设9个市场部，这样全国的销售额就可以做到450万元/月。一年12个月，全年销售额就能达到5400万元。2008年，这家汽车坐垫公司全年销售额是1800万元，差的3600万元为什么没有赚到?

答案是没有人。

其实我的这位朋友已经发现了问题所在，希望通过不断招人来改变现状，可是公司根本留不住人，团队规模总是维持在20人上下，问题出在哪儿了?

答案是他不懂得打造团队。

如何才能让企业的员工多起来？核心关键在于组建团队，搭建好组织架构。没有组织架构，哪里需要用人，需要用什么样的人，谁都不知道。

实现企业业绩倍增的正确做法具体如下。

首先聘请一位专业的招商总监，负责全国市场的招商。中国市场太过庞大，只靠一个人、一个团队无法全面覆盖，所以需要对区域进行划分，可分为东北区、华北区、西北区、西南区、华中区、华南区、华东区。分区后，每个区必须配备一位区域招商总监（图3–21）。

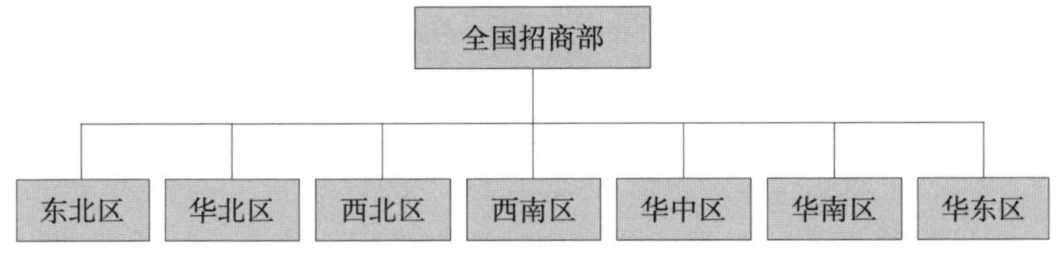

图3–21 全国招商部的组织架构

划分好大区后，还可进一步细分。以东北区为例，可分为黑龙江省、吉林省和辽宁省。按照同样的模式，每个省必须配备一位省级招商经理（图3–22）。

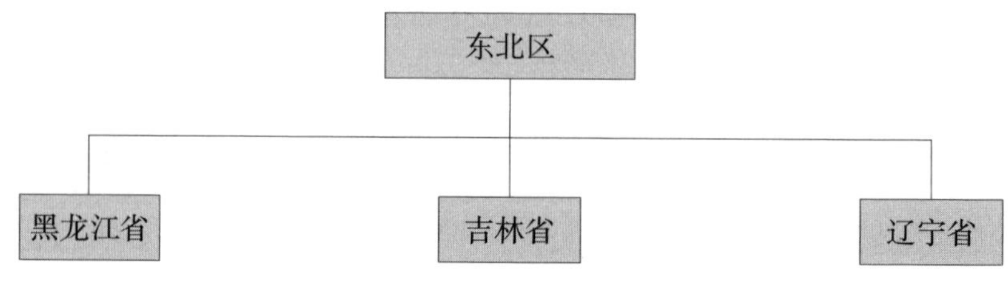

图3–22　东北区的组织架构

划分出省级区域后，区域面积还是很大，这时可以根据实际情况划分为地级市或县、区。以辽宁省为例，可分为沈阳市、大连市、鞍山市、抚顺市、本溪市、丹东市、锦州市、营口市、阜新市、辽阳市、盘锦市、铁岭市、朝阳市和葫芦岛市。按照同样的模式，每个地级市都需要设立一个办事处，并配备一位相应的负责人（图3–23）。

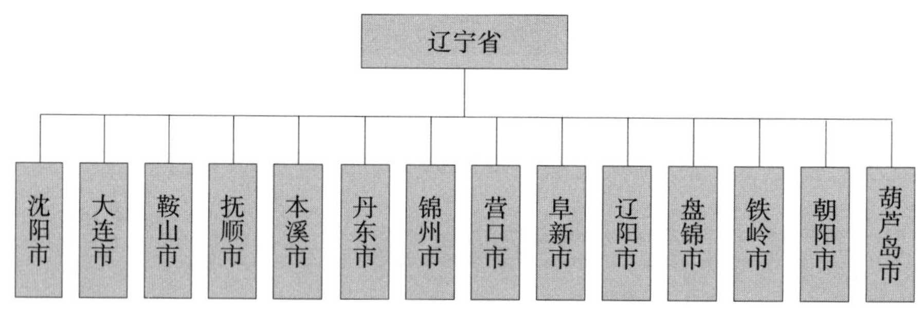

图3–23　辽宁省的组织架构

如果按照目前的组织架构，内地所有的地级市都设立办事处，并配备一位负责人的话，那么这家汽车坐垫公司就有300多个岗位需求了（图3–24）。

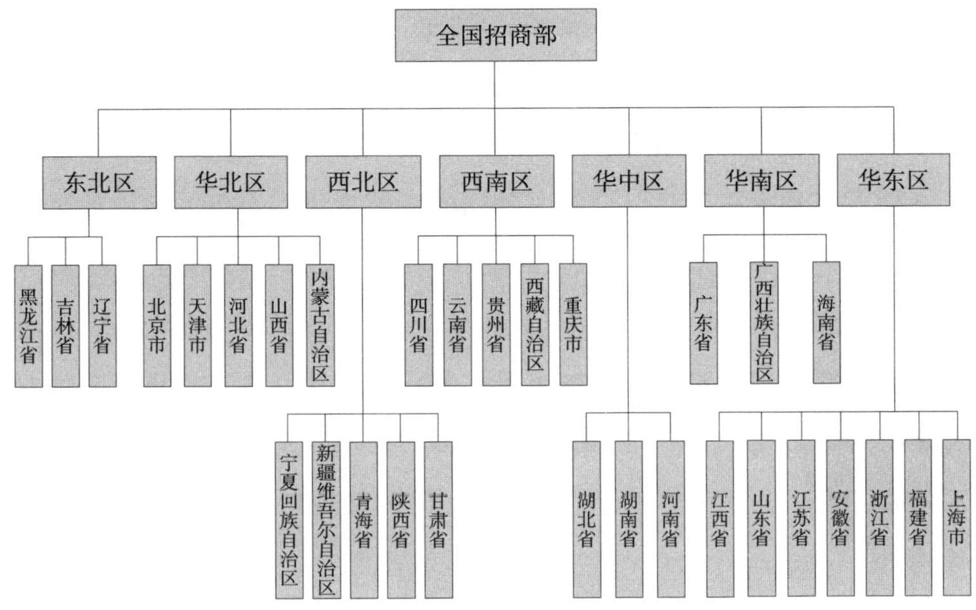

图3-24　全国招商部的组织架构

如果没有这样一个组织架构，就算现在有300位人才等着入职，公司也无法让他们发挥真正的价值。这也就是为什么这家汽车坐垫公司频繁招人，却又留不住人的原因。

企业的组织架构就像人体的骨骼，是不可或缺的基础结构，企业的职能部门就像人体的五脏六腑，缺少了任何一个，都会影响到整体的健康。企业只有构建完善的组织架构，明确各部门的责任、权力和利益，才能让各部门更好地分工协作，让公司做大做强。

很多老板之所以忙碌，就是因为自己太能干，把手下人的活儿都干完了，导致下属无事可干。究其根本，老板忙得焦头烂额还是由于企业没有构建好组织架构，不知道如何有效分工，最终导致老板的错位和越位。

为了更好地分工协作，我们需要用一张二维的组织架构图来理顺关系。在这张组织架构图中，既能展示出上下级之间的关系，又能展示出各部门之间的关系。一个优秀的老板，必须懂得设计组织架构。

接下来和大家分享一个印刷公司的案例，学习一下如何设计组织架构。

【案例分享】

在这家印刷公司的组织架构图（图3-25）中，可以看出，总经理直管9个部门。试想一下，如果这9个部门的人依次汇报工作，这位总经理的时间就会被全部占用了，哪里还有时间规划公司的未来？

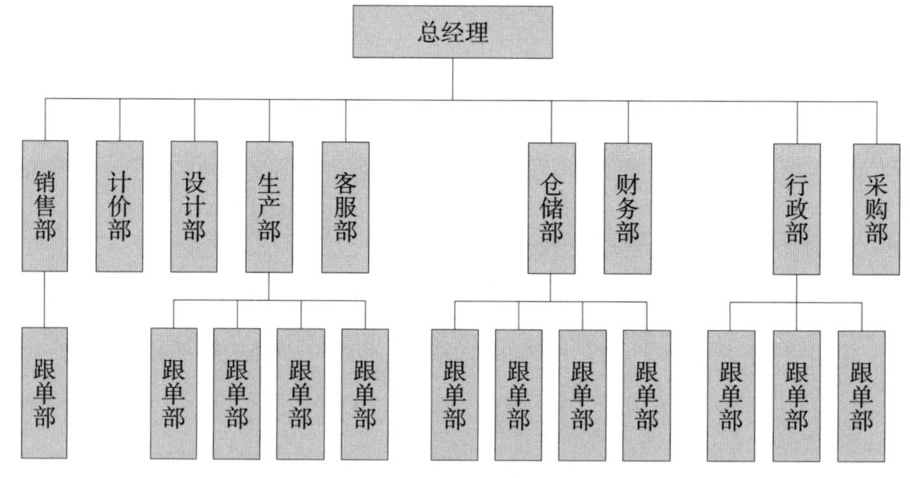

图3-25 印刷公司的组织架构

另外，设立的部门过多，还会增加沟通的难度，降低工作效率。而且有的部门之间为了维护自身利益，会产生竞争关系，无形中加大了内耗。

我们可以模拟一个真实的业务流程。假设一个销售部的业务员接到一个订单，他需要先让设计部出设计稿，再找计价部出报价单，然后去生产部印刷，最后由客服部跟踪服务。这样一个订单，业务员就需要协调四个部门的工作，花费大量的时间。但是大家想一想，业务员的核心工作是什么？是开发客户，成交客户。时间都花在了内部工作的协调上，哪里还有时间提升业绩？这家印刷公司的营业额自然不尽如人意。

这家印刷公司的老板经过学习，对组织架构进行了以下调整（图3–26）。

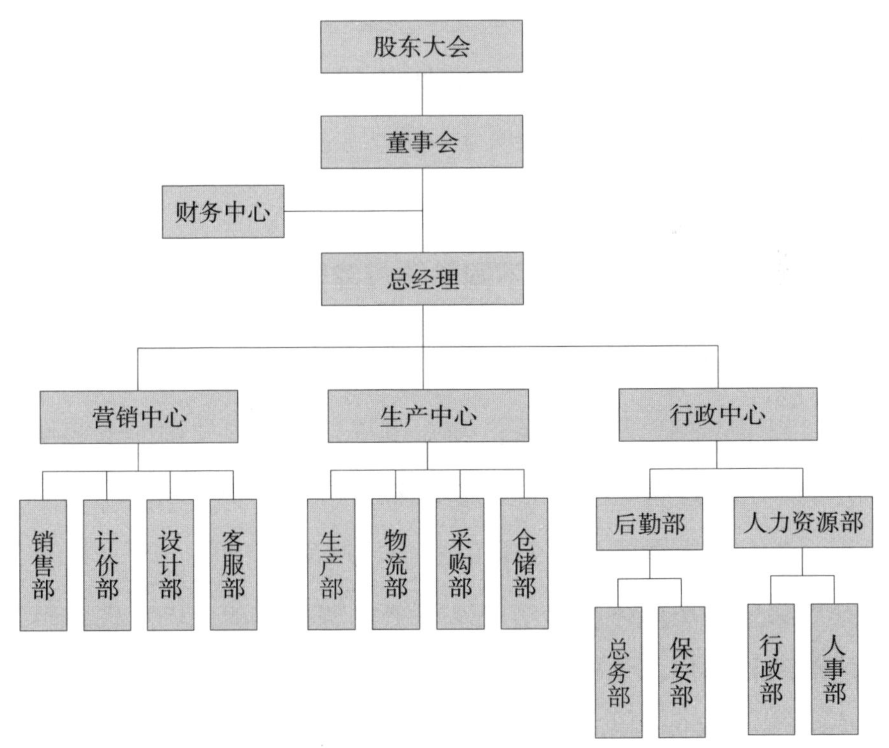

图3–26 调整后印刷公司的组织架构

调整后，总经理直管的部门降到了三个，分别为营销中心、生产中心和行政中心。其中，非常出彩的一点是让营销中心和生产中心互为客户。

营销中心拿到订单后，生产中心无法生产或报价太高，营销中心有权把订单外包给外部印刷厂。如果生产中心因为自身的问题总是接不到订单，就没有收入。相应地，要是营销中心的订单太少，生产中心总是没活儿干，生产中心也有权接外部订单。

经过这样一番操作，营销中心和生产中心这两个部门就相当于两个独立核算的公司，人人都变成了为自己干，工作动力一下就被激发了。

随着组织架构的调整，业务流程方面也发生了变化。业务员在接到订单后，不再对接各部门，而是转交给营销总监，由营销总监负责沟通协调，业务员只需专心地接单即可。这样一来，业务员就有大量的时间去开发客户，业绩自然明显提升。

第三节　如何在企业发展的不同阶段搭建管理框架，实现稳步发展

一、设计组织架构的步骤

通过以上案例，相信大家已经知道了设计组织架构的重要性，接下来分享一下设计组织架构的具体步骤。

第一步，老板需要列出公司的业务、产品及部门。

和前文中给出的印刷公司的二维组织架构图一样，老板列出公司所有的部门和岗位，全部放在总经理下方。企业的组织架构设计应该以事为中心，因事设岗，而不是因人设岗。很多企业设立岗位是因为已经有了人，所以设置了一个公司根本不需要的岗位。建议老板在设计组织架构时忘掉公司已有的人，把公司的业务放在第一位。

第二步，从业务价值链出发，根据业务流程、客户群、人才资源进行部门设定，可以合并，也可以拆分。

列出全部岗位后，开始进行合并同类项，把同一性质的岗位合并在一起，形成部门。在企业没有建立系统，管理成熟度较低的情况下，一个人的管理幅度为6～8人。如果人数超过管理幅度的上限，管理水平就会下降，管理者的体力、精力会严重不足，最终导致管理效果不佳。

企业发展到一定规模，就会人浮于事、效率低下，此时需要进行改革。改革的第一步就是重构企业的组织架构，否则就会职责不明、分工不清。

第三步，随着公司规模的不断扩大，组织架构也要不断地优化、重构。

设计组织架构时，既要严谨，又要保留一定的弹性，以适应公司战略规划的调整。组织架构图可以设计一年的、三年的和五年的，因为市场环境和公司战略会不断调整，组织架构也要因时制宜。

二、企业不同时期的组织架构

1. 初创期

公司初创期，员工人数较少，业务也相对较简单，也许只有3个岗位，即总经理、业务员和生产员（图3–27）。

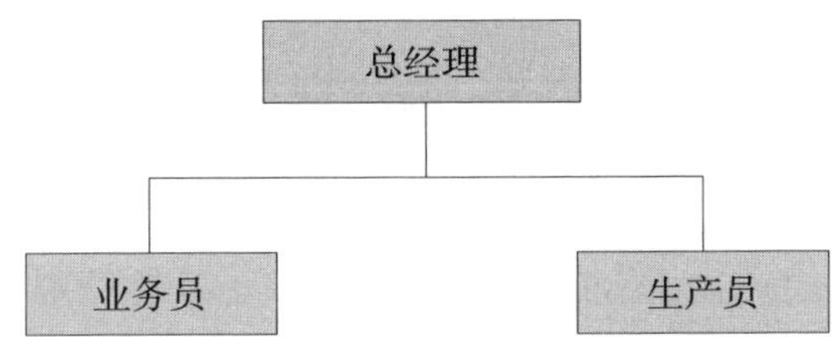

图3–27 初创期公司的组织架构

此时的组织架构为扁平式结构，总经理负责公司的人员管理和业务拓展，是公司唯一的管理者。在这个阶段，总经理只做一件事，那就是所有的事。业务员负责公司的业务对接和产品销售，生产员负责公司的产品设计和生产制作。

2. 成长期

公司从初创期进入成长期，员工人数逐步增加，如果还是由总经理直接管理所有员工，显然会阻碍公司的发展。因此，需要根据业务价值链设立部门，由各部门经理负责部门工作和人员管理，从而减少总经理的管理幅度，提高管理质量（图3–28）。

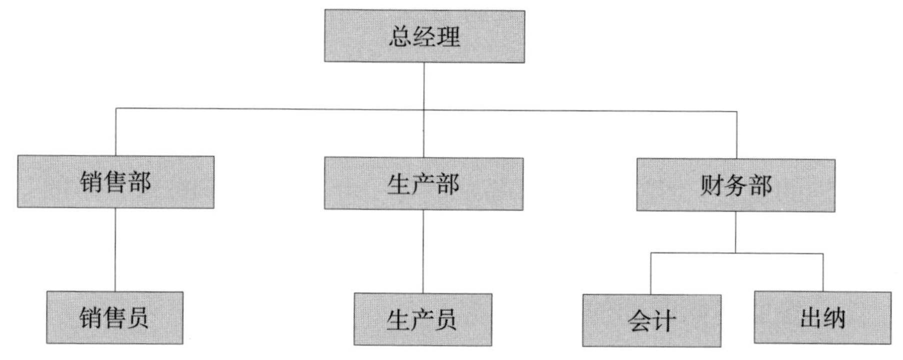

图3–28　成长期公司的组织架构

成长期公司的规模较小，组织架构相对比较简单，只需要设立销售部、生产部和财务部即可。在这个阶段，总经理负责公司战略的制定和落地，通过增加基层管理者，总经理有了3位得力的助手，工作会相对轻松一些。

销售部负责公司所有的业务工作，销售部经理对销售员进行统一管理，对公司业绩负全责。生产部负责公司所有的产品生产及质量把控，生产部经理对生产员进行统一管理，对产品负全责。

和初创期公司相比，成长期公司的业务量明显提升，因此组织架构中增加了财务部，专门对公司的资产进行统一管理与核算。财务部至少设立两个岗位，即会计和出纳，分别管理公司的账务和现金。

3. 扩张期

随着公司资源的不断积累，销售业绩将会进入一个猛增期，如果不及时进行组织架构的调整，将会减缓公司发展的步伐。扩张期公司的组织架构，对工作岗位要进一步细化，明确分工，同时增加管理者数量以便于协调和管理各部门之间的工作（图3–29）。

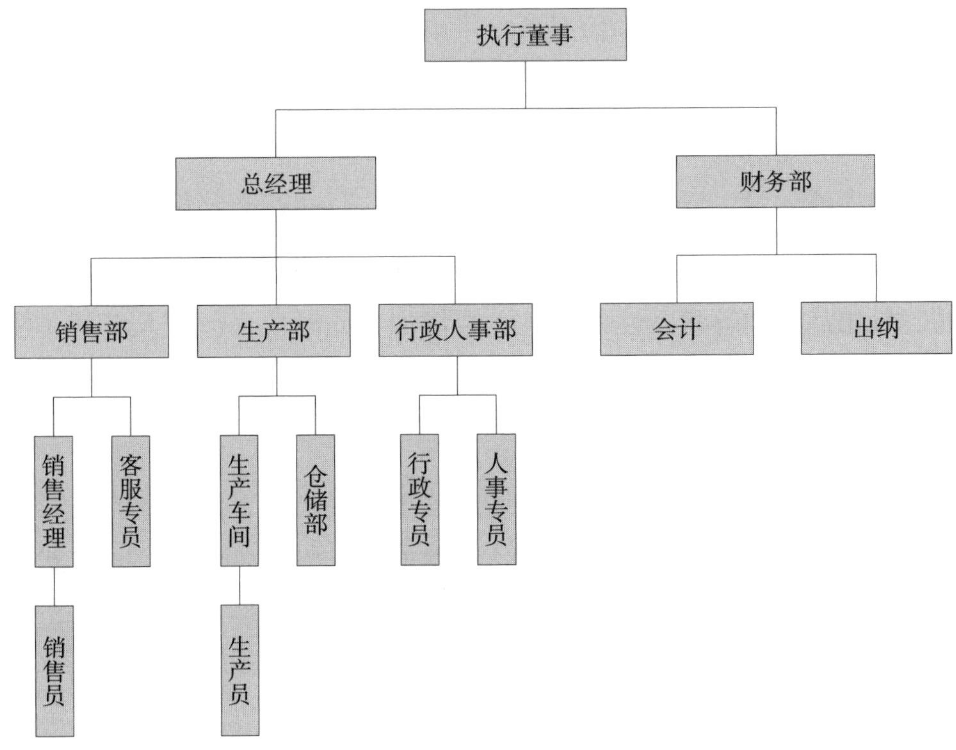

图3–29　扩张期公司的组织架构

在这个阶段，老板可以兼任执行董事，负责公司的战略制定。总经理可以由职业经理人担任，负责公司战略的执行和落地，分管销售部、生产部和行政人事部。因为总经理需要专注于企业的经营，而财务部更偏重财、税、账、物的管理，所以财务部由执行董事统一管理。换句话说，只有找到了合适的总经理和财务经理，老板才能从总经理升级为执行董事。

处于扩张期的公司，最明显的特点就是客户数量快速增加，如果还是由销售员负责客户的后期管理，客户满意度会随之降低，业务量也会受到极大影响，所以此时增加客服专员的岗位势在必行。从公司层面来说，由客服专员统一对客户进行管理和维护，也是防止客户外流的有效手段。

随着产品需求量的猛增，极有可能出现供不应求的情况，通常公司会加大库存量，以保证供货的及时性，这时就有必要设立仓储部，专门负责产品的运输和原材料的采购。部门增加，岗位增加，人员招聘、日用品采购等日常性的事务也会增加，此时设立行政人事部非常有必要。

4. 成熟期

当公司完成快速扩张后，会逐渐趋于稳定，处于成熟期的公司对市场占有率和品类的要求会更高，相应地，管理成熟度也需要更高，此时的组织架构设计就需要更加成熟（图3–30）。

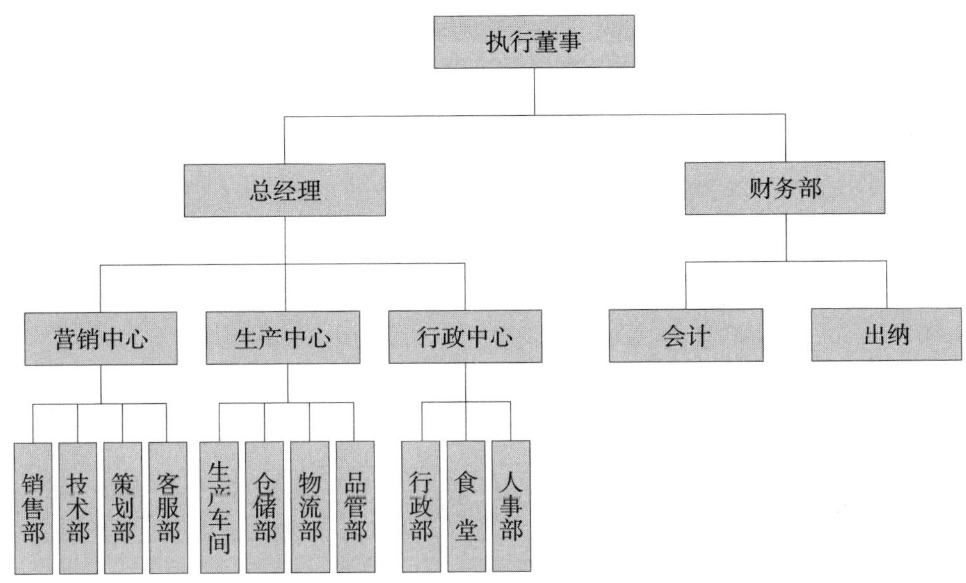

图3-30 成熟期公司的组织架构

在这个阶段，公司需要设立营销中心，它的职能不再仅限于产品的销售，还包含了客户管理、产品策划、技术研发等一系列与公司业务相关的事务。生产中心的职能也有所扩充，对产品质量、技术标准、新产品研发、成本控制、生产安全、后勤保障等生产的全流程进行管控。行政中心依然负责公司的后勤保障。

5. 集团化

公司在成熟期会停留较长的时间，但随着市场占有率和产品品类的不断增加，公司业务会拓展到全国，甚至涉足海外，公司开始走上集团化的运营道路（图3-31）。

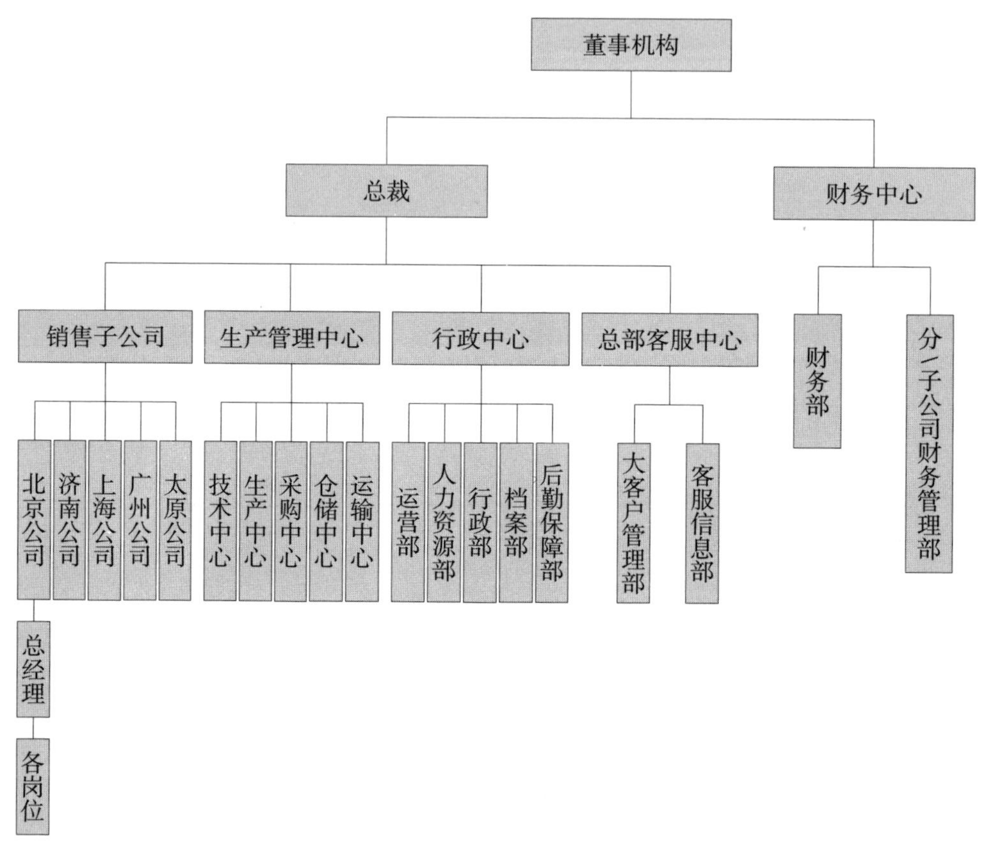

图3-31 集团化公司的组织架构

此时的领导层需要考虑企业是基于现状稳步发展，还是为了追求更高的战略目标努力扩张。其中一部分企业会选择垂直深耕，聚焦专业化发展，而另一部分会走上多元化发展的道路。图3-31为垂直深耕的集团化公司的组织架构，如果是选择多元化发展的公司，只需把组织架构图中最左侧的“销售子公司”改为“事业部”即可。

第四节 如何做好各部门的岗位分工，实现各司其职、各尽其责

一、部门结构要清晰

部门结构清晰，员工才能各司其职、各尽其责。在设计组织架构时，除了要考虑业务范围，还要考虑管理层级。上下级之间必须相对应，即**一个下级只对应一个上级。上级可以越级检查，但不能越级指挥；下级可以越级报告，但不能越级请示。**

下面我们以四类常规部门为例进行说明。

1. 财务中心

【会计专员】基层员工，负责制作各类财务报表，完成会计的基础性工作。

【财务主管】基层管理者，负责财务人员的工作指导、培养与考核。

【财务经理】中层管理者，负责预算管理、核算管理、成本管理和税务管理。

【财务总监】财务中心的最高负责人，负责财务部日常管理、投融资管理、制定财务制度。

2. 行政中心

【行政专员】基层员工，负责人员招聘、考核汇总、薪酬计算等基础性工作。

【行政主管】基层管理者，负责企业培训、行政专员考核、企业管理制度完善。

【行政经理】中层管理者，负责营造企业氛围，分解企业战略目

标，监督战略目标的执行。

【行政总监】行政中心的最高负责人，负责行政中心日常管理、核心人员的培养与聘任。

3. 营销中心

【销售专员】基层员工，负责完成销售目标，是销售业绩的主要执行者。

【销售主管】基层管理者，负责协助销售专员成交，维护客户关系。

【销售经理】中层管理者，负责市场调研、行业分析，监督销售流程的执行。

【营销总监】营销中心的最高负责人，负责制定营销方案，推动销售目标的达成。

4. 生产中心

【生产专员】基层员工，负责产品的生产和制作，是生产环节的主要执行者。

【车间主任】基层管理者，负责生产排班，确保生产专员按时完成生产任务。

【生产主管】基层管理者，负责产品质量，按标准对半成品、成品质量进行检验。

【生产经理】中层管理者，负责制定产品标准、监督流程，确保规范生产。

【生产总监】生产中心的最高负责人，负责生产的全流程管理、新产品研发和技术升级。

二、人员要精简

精简人员可以降低管理成本，避免人浮于事。在设计组织架构时，可以着重从产品维度、营销维度和运营维度入手，因为这三个维度是企业发展的重要因素，需要根据企业的自身情况与行业特性重点设计。

1. 产品维度

产品维度包含研发、制造和采购。通过对产品维度的规划，可以确定企业是以产品中心统一生产、统一经营为主，还是以各事业部独立核算为主。

【研发】以技术为核心的企业，大多拥有自主研发的知识产权，多以专利和品牌盈利。在设计这类企业的组织架构时，应根据企业的战略规划，思考技术研发在企业中的重要程度。一般技术领先型企业，较为关注研发团队的打造，研发岗位的设置也相对较全，设有技术、检测、品控、新品研发等岗位；应着重考虑研发型人才的储备与引进，以提升企业的技术水平。

【制造】以制造为核心的企业，通常拥有规模化的生产基地、生产设备和生产团队，以及标准化的工作流程。这类企业多以高效生产、工艺成熟度盈利。在设计这类企业的组织架构时，应重点设置生产中心、仓储部、物流部、设备部、质检部等核心部门，着重解决一级生产人员的招工与流失问题。

【采购】以低成本运作为核心的企业，采购成本会直接影响企业的实际利润。这类企业通常把采购中心设为核心的盈利部门。在设计这类企业的组织架构时，应着重对采购部、仓储部、物流部、质检部等部门进行设置，重点完善采购供应链体系。

2. 营销维度

营销主要以市场需求为依据，从销售、交付、服务三个方面出发，想办法卖出更多产品以获取利润。

【销售】销售部根据企业的战略目标，制定销售模式，打造销售团队，拓宽销售渠道，提升销售额和市场占有率。在设计这类企业的组织架构时，应以市场策略为基础，完善各级销售团队，建立客户备案机制。主要部门包括销售部、市场部、策划部和客服部，网络销售部可根据企业实际情况确定是否设立。

【交付】产品销售后，企业需要完成产品的交付和后续服务，努力提高客户的满意度。在设计这类企业的组织架构时，应以产品或项目的交付流程为主，关注交付型人才的培养与引进，重视客户服务与管理，提升客户满意度，促进客户的重复消费与转介绍，主要部门包括技术部、客服部、项目交付部和技术培训部。

【服务】客户服务对客户重复消费与转介绍产生重大影响。以服务为主的企业应着重增强客户的体验感与身体记忆，通过提升企业的知名度来增加销售额。这类企业大多没有核心技术或多样化的营销模式，在设计这类企业的组织架构时，应重点打造服务团队，主要部门包括客户服务部和员工培训部。

3. 运营维度

产品和营销是企业实现战略目标的先锋官，而运营是企业的支撑和保障，肩负着日常管理、风险管理、人员管理等重要职能，主要包括人事、行政、财务三个方面，是企业不可或缺的重要模块。

【人事】负责企业内部的薪酬计算、绩效考核、招聘培训、员工职业生涯规划和企业外部人才的引进。

【行政】负责企业内部的运营工作和基础的外联工作。组织架构设置主要包括行政专员、前台接待、司机等岗位。

【财务】负责企业的财务风险管控、日常财务工作、税务筹划等。组织架构设置根据企业规模而定，主要包括出纳、各类会计、分/子公司会计等岗位。

三、集权与分权要合理

集权是为了提升执行力，分权是为了平衡和相互制约。在设计这类企业的组织架构时，要考虑以下四个方面的监督和平衡。

1. 董事会和监事会

股东对财务的审计、查账、监督都需要通过监事会完成。

2. 总经理和财务部

总经理对人事、利润负责，而财务部对账务、现金负责。

3. 销售部和客服部

销售部负责客户的开发，而客服部负责客户的备案。客服部只能对“孤儿客户”，也就是没有直接销售人员负责的客户进行销售，对有销售人员负责的客户不具备销售权。

4. 生产部和技术部

技术部负责产品开发和标准制定，而生产部按照标准进行生产。标准出错，技术部承担全责；标准正确，生产出错，生产部承担全责。

四、控制幅度要适中

有人说管理公司就像骑马，缰绳绷得太紧，马跑不动，缰绳放得太松，马又不受控，所以管理是一门艺术，要讲究弹性。应该按照各部门、各岗位对公司产生的影响，适当地进行权力下放。各部门、各岗位的权力应当与其在组织中的位置和所承担的职责相对应。

通常对企业影响越大的工作，决策权越集中。公司的最高领导层拥有总指挥权，当权力分解到各部门、各岗位后，员工在其职权范围内拥有相应的决策权。

企业制定总体战略目标后，需要将总目标进行分解，由领导层分解到监督层，由监督层分解到管理层，再由管理层细化至执行层，进而落实到企业的每一个岗位上（图3–32）。

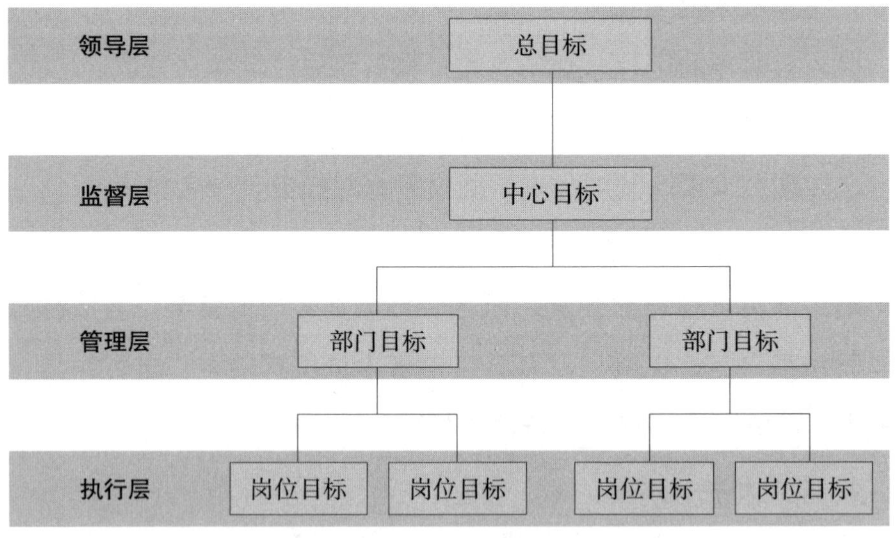

图3–32 企业目标分解

一般职级越低，事务性工作越多；职级越高，决策性工作越多。只有打破集权式的管理模式，给不同的岗位赋予相应的权力，管理成熟度才会提升，战略的实施才会更加顺畅。

处在不同阶段的企业，授权模式不同，各部门的职能划分与权限范围也有所不同。

采用集权式管理模式的企业，大多处于初创期或成长期，组织架构相对简单，管理权和决策权主要集中在领导层；采用授权式管理模式的企业，大多处于扩张期，监督层和管理层拥有相应的管理权，领导层依然负责主要的决策，对公司仍有较强的控制权；采用规范式管理模式的企业，大多处于成熟期，各部门按照公司制度和规范进行管理，将人为因素降到最低。

五、组织架构设计要清晰

设计组织架构考验的是管理者的智慧，体现的是领导的艺术。接下来，我们通过分析一家公司完整的组织架构，来学习有效分工（图3–33）。

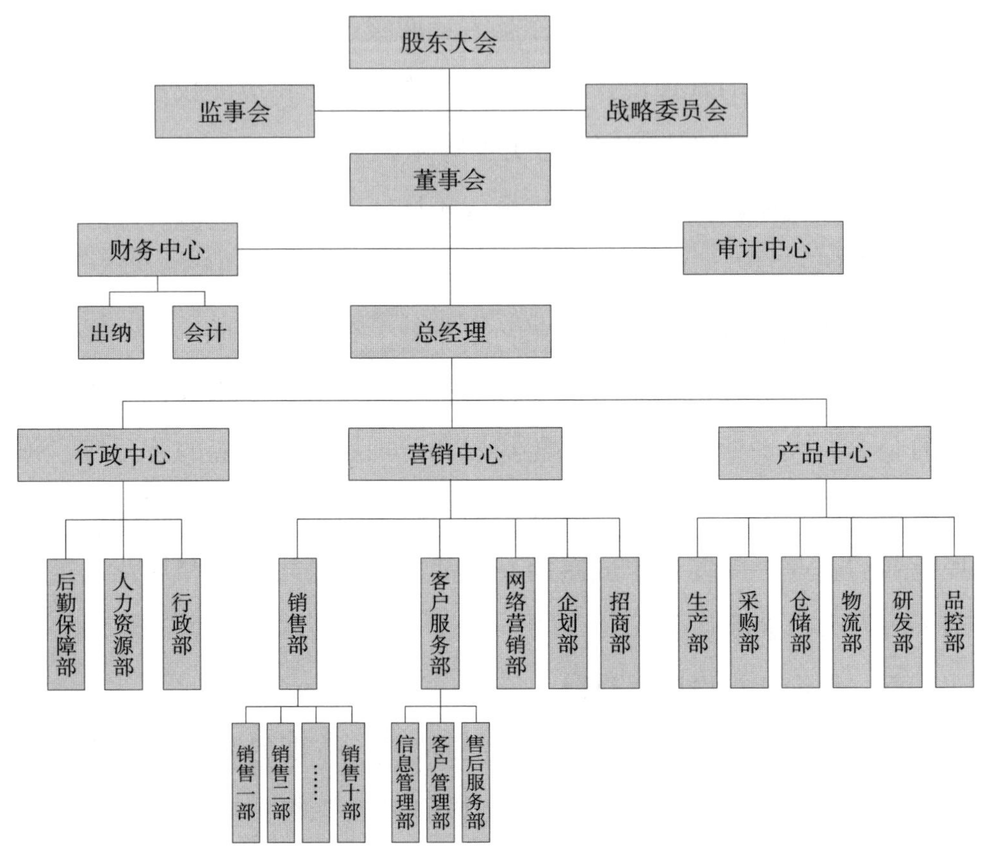

图3–33 公司完整的组织架构

（一）战略中心

一家公司完整的组织架构分为四大区域。首先我们分析最上方的区域，战略中心。战略中心包括股东大会、监事会、战略委员会、董事会、财务中心、审计中心和总经理（图3–34）。

1. 战略中心的主要职责

（1）制定公司战略，负责监督执行。

（2）财务管理和财务系统的建设。

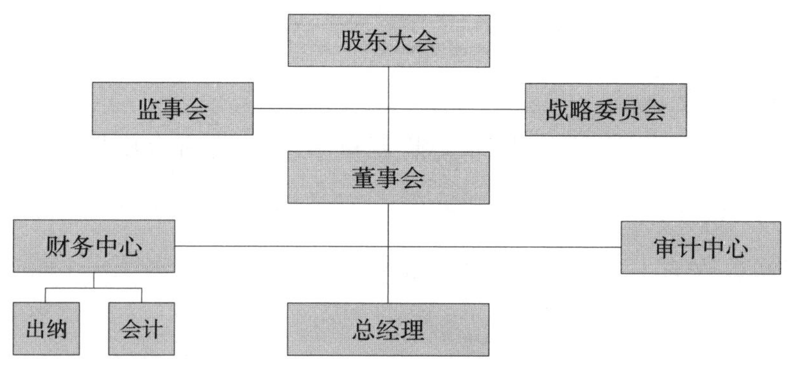

图3-34 战略中心组织架构

（3）新项目立项。

（4）公司的文化建设。

（5）执行监督及审计。

2. 战略中心的部门设置

（1）股东大会。

股东大会由全体股东组成，是公司的最高权力机关，对公司重大事项进行决策，有权选任和解除董事，并对企业的经营管理有广泛的决定权。

股东大会是一种定期或临时举行的由全体股东出席的会议，它是股东作为企业财产的所有者，对企业行使财产管理权的组织。企业的一切重大人事任免和经营决策都需股东大会认可和批准方才有效。

不管是夫妻店，还是小企业，只要是股份制结构，股东人数超过两人，就可以设立股东大会。非股份制结构的企业不涉及股东大会，老板既是所有者，又是经营者。

合伙企业和股份制企业，在成立之初就要设计好股权结构，提前制定好规则，以免企业做大后产生利益纠纷，亲人变仇人。

（2）监事会。

上市公司一般会设立监事会监督董事会。监事会由股东大会选举的监事及职工民主选举的监事组成，对公司的业务活动及会计事务等进行监督、检查。监事会可请求董事会给出报告，审阅公司的生产经营和财务状况。

（3）战略委员会。

战略委员会是董事会的智囊团，主要收集行业信息和市场信息，通过分析，协助董事会规划企业的发展战略，并对企业重大投资项目进行可行性研究，提出实施审议。

（4）董事会。

董事会是由董事组成，对内掌管公司事务、对外代表公司进行经营决策和业务执行，由股东大会选举产生。董事会设董事长一人，副董事长一人，由董事会选举产生，董事长是董事会里面的最高行政长官。

（5）财务中心。

财务中心是企业的命脉，隶属于董事会管理。因此，财务中心必须按照严格的标准进行权责划分（表3–1）。

（6）审计中心。

审计中心负责对资料进行收集及分析，以评估企业的财务状况。审计中心通过系统化、规范化的方法，对风险管理、风险控制进行评估，进而提高企业效率。

表3-1 财务中心的权责划分

部门权限	1. 战略目标制定与公司重大事项的参与权 2. 预算制度的审核权 3. 对违反财务制度的处罚权 4. 对各部门的财务审查权 5. 对下设各部门的管理权 6. 内部人员编制、人事任免权与各岗位的考核奖惩权
部门职责	1. 定期向董事会汇报公司财务状况、经营成果及现金流的情况 2. 建立健全公司财务管理制度，经审核后负责组织贯彻执行 3. 严格执行财政税务法规、政策，对不符合国家和公司财经方针、政策、制度、规定的情况及时制止 4. 考核、分析公司重大经济活动，对公司的投融资项目提出可行性意见 5. 参与拟定公司年度财务预算、决算方案，监督年度投资计划、财务计划的实施 6. 审核公司重要财务事项及资金支出事项 7. 监督调动工作或因故离职的会计人员，及时办好会计交接手续，保证会计记录的连续性和会计资料的完整性 8. 沟通与协调公司各部门工作，理顺与财政、税务、银行之间的关系 9. 及时掌握国家新颁布的有关财经法规及税收政策，定期对公司财务人员进行培训，不断提高财务人员的素质和业务水平 10. 按企业会计制度规定，设置会计科目、会计凭证和会计账簿 11. 按时填制会计凭证、科目余额平衡表及会计报表，保证账表相符、账账相符、账实相符 12. 严格按照公司制定的费用开支报销标准审核费用报销单，不符合公司规定的退回重填 13. 按时填报纳税申报表，加强与财政、税务、银行之间的联系、沟通，及时反馈信息 14. 按时编制各种成本报表和费用表，与年度计划、去年同期比较，分析存在的问题，提出控制成本和费用的办法 15. 负责会计凭证、账簿、报表及其他会计资料的装订、妥善保管，按国家规定立卷、归档、调阅、销毁等

（7）总经理。

总经理是公司业务执行的最高负责人，负责公司总体的经营和管理，由股东或职业经理人担任。总经理直接向董事长汇报。

董事长定战略，总经理管执行；董事长设目标，总经理做计划；董事长造梦，总经理圆梦；董事长分钱，总经理赚钱。很多企业经营不好，归根结底还是组织结构的问题，董事长和总经理分工不清、责任不明，甚至很多公司的董事长和总经理就是同一个人。

（二）营销中心

营销中心由总经理直管，最高管理人员为营销总监（图3–35）。

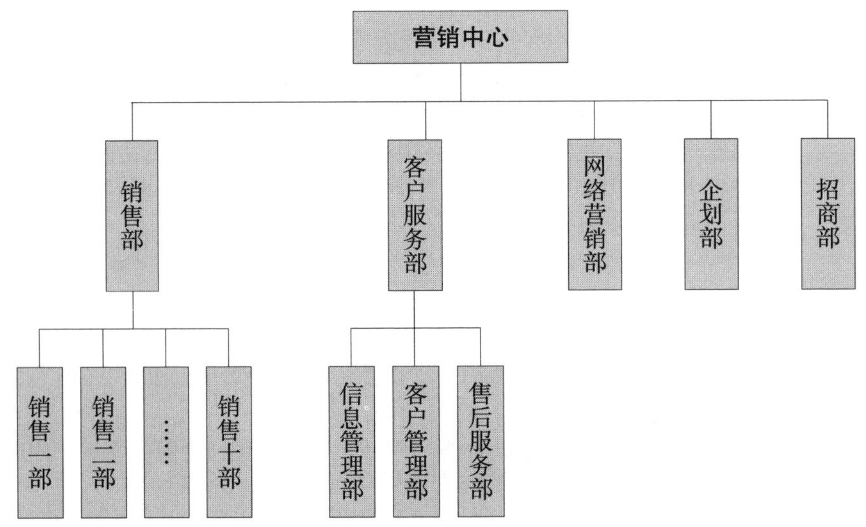

图3–35　营销中心的组织架构

营销中心是企业中负责赚钱的部门，其部门权责划分见表3–2。

表3–2 营销中心的权责划分

部门权限	1. 战略目标制定与公司重大事项的参与权 2. 销售目标达成的经营决策权 3. 产品改进的建议权 4. 对下设各部门的管理权 5. 营销中心内部人员的编制与人事任免权 6. 营销中心内部各岗位的考核奖惩权
部门职责	1. 达成企业销售目标、市场占有率目标等与业绩相关的战略目标 2. 开展市场调研工作，预测客户需求，研究产品销售情况，积极开拓各项销售业务 3. 将业绩目标分解至下属各部门，编制年度、季度及月度销售计划 4. 研究制定市场营销与客户关系管理策略并组织实施 5. 负责客户订单的评审以及合同执行过程中的管理 6. 建立客户档案，对客户的需求信息进行收集和分析 7. 对客户资料以及销售信息和资料的归档管理 8. 为公司产品的研发提供咨询与建议 9. 负责产品的交付，完善客户服务体系 10. 负责产品售后信息反馈 11. 制定市场推广、企业策划方案并组织实施 12. 负责营销中心财务预算与成本管控 13. 协助公司财务部门进行产品成本核算

1. 营销中心的主要职责

（1）营销模式的设计及营销流程的建设。

营销模式就是企业把产品卖出去的方式。营销模式有很多种，比如，加盟连锁、电话营销、开设淘宝店、三级分销、直播带货……不同的营销模式具有不同的特点，营销中心的主要任务是找到最适合企业发展的营销模式。

营销总监的主要工作是设计营销模式和建立销售流程，很多公司的营销总监只是挂职营销总监，并没有完成营销总监的本职工作，这是企业的不幸。

（2）销售分公司的开设及管理。

根据市场开发的需要，在其他地区开设销售分公司，或根据公司内部销售人员的晋升情况，裂变出销售分公司。

（3）公司业绩实现的第一责任人。

营销中心必须想尽办法把公司的产品卖出去，把钱收回来。

（4）营销人才的培养及销售团队的建设。

要不断地招兵买马，打造强大的销售团队。

（5）客户服务及销售风险管控。

产品促销必须按照公司常规的流程进行。常规流程是营销总监提出促销方案，向总经理进行汇报；总经理如果认为促销方案可行，可向董事会提案，董事长把促销方案交由财务部进行测算；如果财务数据符合公司标准，董事长认可促销方案后，交由总经理执行。总经理则需要调配相关资源配合营销总监完成促销方案。

整个过程看似复杂，但在实际操作中多以会议的形式进行，董事长、总经理、营销总监、财务总监等相关人员参会，对促销方案进行研讨论证，会上确认，会后执行。

但是很多公司的促销方案是老板拍脑袋决定的，既没有研讨，也没有财务部测算，最后执行完一算账，发现公司亏了，白忙活一场。

2. 营销中心的部门设置

（1）销售部。

销售部的权责划分见表3-3。

表3–3 销售部的权责划分

部门权限	1. 销售目标制定参与权 2. 部门内部员工的考核权 3. 部门内部员工的任免建议权 4. 部门内部工作开展的自主权 5. 要求相关部门配合权
部门职责	1. 接受并完成销售目标、客户开发目标、市场占有目标 2. 销售目标分解及销售计划安排 3. 部门费用预算、成本管控工作 4. 拟订销售工作计划及时间进度，以期达成或超额达成销售目标 5. 负责新市场、新客户的开发，以及原有客户的精细化管理和维护工作 6. 负责收集渠道内潜在客户信息，完成潜在客户筛选和开发准备工作 7. 负责应收账款的安全回收工作 8. 提供客户服务建议 9. 负责打造销售团队

（2）客户服务部。

客户服务部的权责划分见表3–4。

表3–4 客户服务部的权责划分

部门权限	1. 企业产品策略、营销策划的参与建议权 2. 部门内部员工的考核权 3. 部门内部员工的任务建议权 4. 部门内部工作开展的自主权
部门职责	1. 负责客户资料收集与管理 2. 负责客户分类服务与管理，建立客户回访制度并监督实施 3. 高效处理客户投诉 4. 与各部门密切沟通，参与营销活动，协助市场销售 5. “孤儿客户”的管理与再消费 6. 接听客户来电，跟踪售后处理结果 7. 对客户进行分析，为各部门提供相关支持

（3）网络营销部。

网络营销部的权责划分见表3–5。

表3–5 网络营销部的权责划分

部门权限	1. 企业宣传推广策略、营销策划的参与建议权 2. 部门内部员工的考核权 3. 部门内部员工的任免建议权 4. 部门内部工作开展的自主权 5. 要求相关部门配合权
部门职责	1. 网络宣传推广平台及电商平台的开拓、建设及日常运营 2. 电商平台销售目标分解及销售计划安排 3. 负责网络活动营销策划和实施 4. 负责部门内的费用预算与成本管控 5. 有效达成网站、微信公众号或其他网络平台的访问量等相关推广指标，并不断探索新的运营思路和推广方法，提升品牌影响力 6. 负责打造网络营销团队，制订人员需求计划和人才发展规划 7. 定期安排部门人员进行培训，不断提升人员的综合素质和专业能力

（4）企划部。

企划部的权责划分见表3-6。

表3-6 企划部的权责划分

部门权限	1. 企业文化制定、产品策略、营销策划的参与建议权 2. 部门内部员工的考核权 3. 部门内部员工的任免建议权 4. 部门内部工作开展的自主权 5. 要求相关部门配合权
部门职责	1. 创造性地优化企业资源 2. 进行市场调研，收集行业市场信息，研究行业发展动态，为企业高层决策提供战略资料和信息 3. 协助企业高层设定愿景目标，并对愿景目标进行系统的阶段性规划 4. 提供企业公关活动的策划方案，并组织实施 5. 负责组织制订公司全年营销计划，并分解落实完成 6. 负责公司品牌建设和管理工作，审定各项关于宣传推广品牌形象的公关活动方案 7. 负责部门内的费用预算与成本管控 8. 负责广告公司的业务审批工作，按计划合理支配、使用公司批准的广告经费 9. 负责公司形象宣传策划，组织撰写宣传推广文案、广告创意设计等

（5）招商部。

招商部的权责划分见表3-7。

表3-7　招商部的权责划分

部门权限	1. 企业经营决策的参与建议权 2. 部门内部员工的考核权 3. 部门内部员工的任免建议权 4. 部门内部工作开展的自主权 5. 要求相关部门配合权
部门职责	1. 接受并完成招商目标、代理商开发目标、市场占有率目标 2. 制订总体招商方案及各阶段招商计划，并组织实施 3. 部门内的费用预算与成本管控 4. 代理商的招募、洽谈、审核、管理、监督和指导 5. 与代理商签订合作协议，并监督协议和有关政策的落实，确保代理商的良性发展 6. 协助代理商解决市场需求、产品信息等相关问题 7. 协助代理商进行市场推广，发展业务团队，定期组织人员培训

（三）产品中心

产品中心由总经理直管，包括生产部、采购部、仓储部、物流部、研发部、品控部（图3-36）。

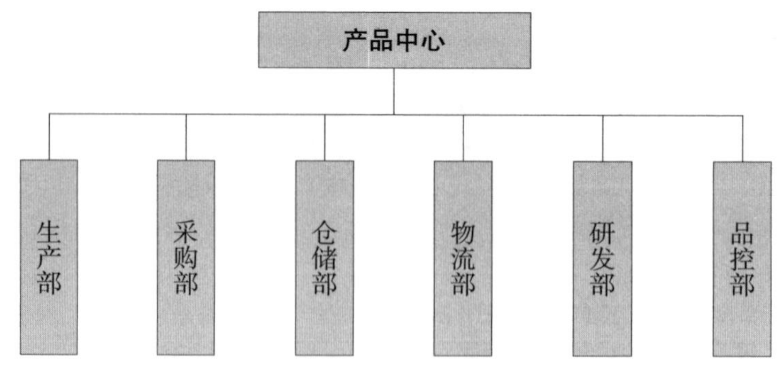

图3-36　产品中心的组织架构

拥有好卖的产品，企业才能做大做强，因此产品中心是企业的发动机，决定了企业的业绩和利润，其部门权责划分见表3–8。

表3–8 产品中心的权责划分

部门权限	1. 对战略目标制定与公司重大事项的参与权 2. 完成生产目标的自主决策权 3. 对产品改进的建议权 4. 对下设各部门的管理权 5. 部门内人员编制、人事任免权与各岗位考核的奖惩权
部门职责	1. 制订生产计划，掌握生产进度，按时完成生产计划 2. 合理配置人力资源，搞好生产平衡工作 3. 制定生产管理中各项规章制度与劳动纪律 4. 管理生产中的各种物资，如设备、工具、原材料等 5. 执行ISO 9001质量管理体系和ISO 14001环境管理体系，把好生产质量关 6. 控制生产费用预算，降低生产成本 7. 加强文明生产、安全施工教育，严防各种工伤事故发生和设备事故发生 8. 负责产品中心团队打造与管理 9. 负责生产现场“6S”管理（整理 Seiri、整顿 Seiton、清扫 Seiso、清洁 Seiketsu、素养 Shitsuke、安全 Security） 10. 对生产过程中的重大生产技术问题、质量问题进行分析与解决

1. 产品中心的主要职责

（1）产品的供应及交付。

如果公司的产品是从上游直接采购的成品，必须做好进、销、存的管理，确保客户在购买后能够第一时间收到货物。如果货物是通过物流配送的，必须确保投送准确无误，否则会导致客户满意度下降，增加退货的风险。

（2）产品研发及技术创新。

产品中心需要根据客户的需求研发产品、升级技术。华为每年会将销售额的10%投入技术研发，“大脑营行”则会拿出营业额的5%用于技术研发和产品升级。如果一家公司在产品和技术上没有任何投入，未来发展壮大的可能性会非常小。

（3）原材料的采购及管理。

企业做大后，必须确保原材料的供应链高效稳定，这就需要企业拥有强大的供应链管理能力。伴随大批量的企业采购，采购部会产生大量的现金交易，因此极易发生损公肥私的现象。为了防止这种现象的发生，有些小企业的老板亲自担任采购经理，有些则由老板的亲戚担任。但因为利益诱惑较大，即便是亲戚或者合伙人也不一定百分之百可靠。

通过实践发现，防止损公肥私的有效方式就是把“采”和“购”分开管理。先由“采”找到市场中符合采购标准的供应商，收集报价，再把报价单交给“购”。

假设一下，一种情况是“采”给出的最低报价是5元，“购”最终的成交价是6元，“采”可以向公司举报，如果查证后认定是“购”贪污，“购”就需要承担公司多支付的采购费用，而这笔钱公司将全部奖励给“采”。另一种情况是，“采”给出的最低报价是5元，但“购”了解到市场上的最低报价是4元，这时“购”同样可以向公司举报，从而形成双方的相互制约。

（4）仓储及物流管理。

现在的物流行业非常发达，可以选择外包。但仓储管理具有很强的专业性，如果没有一定的基础知识，可能会给公司带来巨大的损失。很多企业财务系统不完善，库存管理也相对混乱，导致企业经常出现产品积压或商品过期的情况。我有一个浙江的学员，做纺织品生意，刚创业时，仓库面积只有200平方米，现在的仓库面积扩充到2000平方米依然不够用，赚的钱基本投在仓储上了。

（5）事业部建设及技术人才管理。

当公司需要研发一款新的产品或开发一个新的项目时，需要招聘技术开发人员，成立一个新的事业部，进行独立核算。

2. 产品中心的部门设置

（1）生产部。

生产部的权责划分见表3–9。

表3–9　生产部的权责划分

部门权限	1. 对生产目标的建议权 2. 对下设各岗位的管理权 3. 部门内人员编制、人事任免权与各岗位考核奖惩权
部门职责	1. 根据生产计划，全面负责生产目标的完成工作 2. 负责合理组织人员及物料的调度安排，按时完成公司下达的各项生产任务 3. 负责各类生产报表的汇总分析，为技术部、销售部提供建议 4. 负责对生产部所有设备的管理，如车间设备的购置申请、设备验收以及日常维护与保养等 5. 负责生产部团队的打造、培养与管理 6. 负责生产现场“6S”达标工作 7. 做好生产现场的安全生产工作

（2）采购部。

采购部的权责划分见表3–10。

表3–10　采购部的权责划分

部门权限	1. 对供方进行筛选与评估的权力 2. 对产品报价、物料计划、采购订单的审核权 3. 对销售、生产、技术部门提出合理化建议权 4. 对下设各部门的管理权 5. 内部人员编制、人事任免权与各岗位考核奖惩权
部门职责	1. 收集、分析、汇总及考察评估供应商信息，建立供应商资料库并定期更新 2. 了解原材料市场价格动向，提前做好采购计划并实施采购 3. 签订和送审小额采购合同 4. 负责所有物料采购单的下达、交期跟催、呆滞物料处理、品质异常处理及配合财务对账 5. 整理货物入库相关单据，配合库房完成采购货物的入库手续 6. 编制单项采购活动的分析总结报告 7. 采购流程、制度的编制与完善 8. 要求供方报价并议价，降低采购成本，提升企业利润空间 9. 保证采购物品质量

（3）仓储部。

仓储部的权责划分见表3-11。

表3-11 仓储部的权责划分

部门权限	1. 对仓储物资出入库的审核权与提货顺序建议权 2. 对仓储物资的管理权 3. 对存货上下限的预警权 4. 对下设各部门的管理权 5. 内部人员编制、人事任免权与各岗位考核奖惩权
部门职责	1. 制定、审核、监督执行物料管理制度与库存管理操作流程 2. 根据送货单、采购单及进仓单验收物品，办理入库手续 3. 根据流程与出库单进行生产发料和成品出仓 4. 按货物类别、性状、特点等合理规划区域，明确标识，建立存储卡，码放整齐，良性保管，达到仓库“6S”管理标准 5. 负责日常进出单据核对保管，统计表数据处理及核对，定期盘点，与财务部对账 6. 负责仓库安全管理，定期巡查物品的储存质量并及时上报，对进出仓库人员的管理 7. 负责对仓储设施、仓储物资的管理、保管 8. 负责对仓库物品存量上下限的控制

（4）物流部。

物流部的权责划分见表3–12。

表3–12　物流部的权责划分

部门权限	1. 对物品出入库的建议权 2. 对运输车辆使用的自主权 3. 对下设各部门的管理权 4. 内部人员编制、人事任免权与各岗位考核奖惩权
部门职责	1. 根据出入库订单，制订出车计划，并监督货物按时送达 2. 对货车进行管理，负责定期维护保养、车辆保险等事宜 3. 负责行车的安全管理 4. 协助库房进行物品搬运、码放工作 5. 对出库物品的数量、质量进行检查

（5）研发部。

研发部的权责划分见表3–13。

表3–13　研发部的权责划分

部门权限	1. 对产品设计方向选择的建议权 2. 开展设计工作的自主权 3. 对设计方案的审核权 4. 部门内人员编制、人事任免权与各岗位考核奖惩权
部门职责	1. 负责制定企业各产品的质量检验标准 2. 负责新产品开发、研制、技术鉴定工作 3. 负责编制企业技术改造方案与实施计划 4. 制定质量控制的各种程序文件并督导执行 5. 负责根据营销部下达的生产订单要求为生产车间绘制施工图纸、料单 6. 制定“产品制作总工时表” 7. 审查批准工艺图纸、产品技术标准、技术参数等技术文件 8. 管理技术档案，协助建立企业技术资料库 9. 负责新产品专利申报、企业标准编制

（6）品控部。

品控部的权责划分见表3–14。

表3–14 品控部的权责划分

部门权限	1. 产品质量判定权 2. 对下设各岗位的管理权 3. 对生产过程中的产品抽检与问题上报权 4. 部门内人员编制、人事任免权与各岗位考核奖惩权 5. 对提高产品质量的建议权
部门职责	1. 负责原材料、半成品、产成品、外购产品入库前的质量检验 2. 制订产品质量提升计划（含原材料），并监督实施 3. 负责公司质量管理体系的正常运作 4. 负责公司质量文件的控制、管理 5. 负责对产品的标识状况、可追溯性状况进行监督控制 6. 组织对公司成品和原材料库存超期质量状况进行判定及控制 7. 负责检验文件的编制，并监督执行情况 8. 负责不合格品的控制、统计和分析 9. 配合销售部与客服部做好售后服务工作 10. 组织公司内审人员培训及公司全体员工全面质量管理知识培训

（四）行政中心

行政中心由总经理直管，包括后勤保障部、人力资源部、行政部（图3–37）。

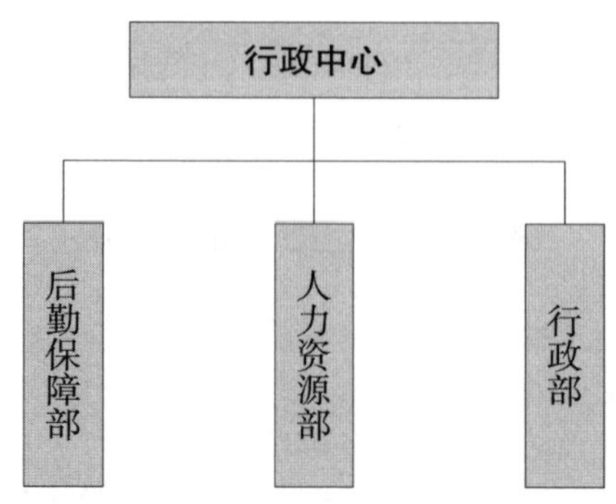

图3–37　行政中心的组织架构

产品中心能让公司做大，行政中心能让公司做强。绝大多数公司管理不善，主要问题出在了行政中心上。行政中心的权责划分见表3–15。

表3–15　行政中心的权责划分

部门权限	1. 对战略目标制定与公司重大事项的参与权 2. 对企业用人计划的建议权与决策权 3. 对下设各部门的管理权 4. 内部人员编制、人事任免权与各岗位考核奖惩权
部门职责	1. 建立健全公司人力资源管理与行政管理制度 2. 执行企业人力资源管理职能，健全组织系统 3. 保证企业内部行政职能的运转顺畅，为各部门提供辅助支持 4. 负责企业人员供给，保证岗位编制达标 5. 负责公司后勤管理工作 6. 负责外联事务的管理和公关协调 7. 负责公司办公设备及物料的管理，确保公司资产及物料配置及时、合理有效地使用 8. 组织文件草拟、下发、传阅、控制等管理工作 9. 制定部门预算报告，进行成本管控 10. 对员工进行公司规章制度等相关内容的培训

1. 行政中心的主要职责

（1）保证公司正常的运营流程及系统建设。

员工迟到、早退、请假的处理及入职、辞职、培训等都是公司日常运营的基本事务，都在行政中心的管辖范围内。

（2）做好营销中心和产品中心的协调工作。

通常产品中心认为自己研发的产品很好，卖不出去是营销中心的问题；而营销中心认为产品不好卖，主要是因为产品中心生产的产品不行。因此，行政中心需要协调产品中心和营销中心的关系，成为双方沟通的桥梁。

（3）做好企业内部制度建设和人才培养体系建设。

薪酬的制定、人员的晋升、绩效的考核、员工的激励与奖惩都是行政中心的工作。很多公司由总经理对员工进行惩罚，这会激化双方的矛盾，让总经理左右为难。处罚员工由行政中心负责，总经理要做的就是收买人心、发放奖励，这样员工才会喜欢总经理、喜欢公司、喜欢自己的工作。

（4）制度文化的探讨、拟定、颁布与落实。

行政中心是公司文化的落实者和公司制度的捍卫者，需要配合总经理制定各项规章制度，并确保制度的执行落地。

（5）企业活动组织。

如公司年会、运动会、旅游、团建等活动的策划和执行。

（6）各类企业资质办理。

如相关执照、资质、证书、商标的办理。

2. 行政中心的部门设置

（1）后勤保障部。

后勤保障部的权责划分见表3–16。

表3–16　后勤保障部的权责划分

部门权限	1. 对员工违反后勤制度的处罚建议权 2. 对下设各部门的管理权 3. 内部人员编制、人事任免权与各岗位考核奖惩权
部门职责	1. 负责公司安保工作 2. 负责公司环境保护与厂区绿化工作 3. 负责公司员工宿舍管理、食堂管理工作 4. 负责后勤保障物资采购管理工作 5. 负责公司浴室、医务室管理工作

（2）人力资源部。

人力资源部的权责划分见表3–17。

表3–17 人力资源部的权责划分

部门权限	1. 对企业用人计划的建议权 2. 对员工调配、奖罚的建议权与提名权 3. 对违反公司人事规章行为的处罚权 4. 对人力资源管理制度的解释权 5. 对员工考核数据与事项的核实权 6. 对员工投诉的受理权 7. 对下设各部门的管理权 8. 内部人员编制、人事任免权与各岗位考核奖惩权
部门职责	1. 根据企业战略规划制定人力资源规划，修订企业人力资源管理制度 2. 负责人员招聘与录用手续、任免与调配、考勤管理、离职手续办理等工作 3. 分析各部门人员变动情况，掌握人员需求 4. 负责制定、调整企业人事政策，进行日常人事管理 5. 负责建立企业培训体系，制订年度培训计划并监督实施，跟进培训效果评估 6. 制定人事考核制度，建立绩效考核标准并监督实施 7. 负责员工保险和薪资福利制度的制定、调整与执行 8. 负责员工工资的计算与发放 9. 负责组织系统各大模块的修订、完善与推广 10. 负责企业员工职业生涯规划体系的建立 11. 负责企业文化的内部宣传推广

（3）行政部。

行政部的权责划分见表3-18。

表3-18　行政部的权责划分

部门权限	1. 对办公用品采购的分组决策权 2. 对企业流程改进的建议权 3. 对下设各岗位的管理权 4. 内部人员编制、人事任免权与各岗位考核奖惩权
部门职责	1. 负责接听电话、接待来访 2. 负责文件制作、发放及档案管理工作 3. 负责公司例会的组织与纪要工作 4. 负责公司车辆的使用、维护与管理工作 5. 负责日常制度监管工作 6. 负责行政管理制度的制定与完善 7. 负责各部门的沟通与协助工作 8. 负责企业外联工作 9. 负责企业日常用品采购与管理工作 10. 负责公司证照年检及资质审核工作 11. 负责公司内部突发事件的协调工作 12. 负责公司资产安全工作

组织架构决定了部门分工，部门分工决定了岗位分工，有了岗位分工就有了责、权、利的划分，也就知道需要招什么样的人，最终做到人才和岗位相匹配。

六、工作分析要做好

要想提高工作效率，必须明确岗位分工。要想明确岗位分工，必须做好工作分析。工作分析的作用是帮助企业明确岗位职责，解决各项工作由谁来做和做什么的问题。只有率先做好工作分析，才能知道企业为什么招人，人招进来以后做什么。

企业在成立之初，员工数量比较少，工作上可以通过默契或者高频的沟通来完成。随着员工数量的不断增加，就会出现某些工作无人负责或者某些工作被重复执行的问题，此时的默契和沟通很难再起到作用，工作效率就会变低。

企业中经常出现以下情况：

（1）企业总是招不到新员工，即使招来了能力也达不到要求。

（2）有些员工从早忙到晚，天天加班；有些员工无所事事，天天喝茶聊天。

（3）有些工作没人负责，耽误事儿；有些工作重复完成，有功大家争，有责没人领。

（4）管理者很难准确评价下属的工作是完成得好，还是完成得不好。

之所以出现以上这些问题，主要是因为企业没有明确界定员工的岗位职责，没有做好工作分析，不知道公司需要多少名员工，每名员工的最大工作量又是多少。工作分析可以帮助企业减少人为因素所产生的影响，由管理者下达命令变为由“工作分析表”来约定，使得管理更加规范。

工作分析规定了每个岗位的任职资格和工作内容，这就要求企业依据工作分析去招聘相关人员，规避了因人设岗的问题。更重要的是，工作分析清晰界定了各岗位的工作职责，将各项工作分配给相应的岗位，结合岗位工作量的饱和度，避免了有人无事可做、有人分身乏术的不平衡现象，实现人人有事做、事事有人做的管理目标。正是因为有了清晰的岗位界定，工作中的职责交叉和职责空缺问题也就迎刃而解，避免了因工作边界不清所导致的推诿扯皮。

在大多数企业中，通常是管理层承担了较大的责任，但董事长却没有进行权力的下放，事事都要管，这就是为什么公司员工很多，但董事长依然很辛苦的原因。董事长的真正价值应该体现在企业的整体规划上，在战略层面设计企业的未来。随着企业规模的不断扩大，董事长必须学会授权，学会用系统管理，通过工作分析明确权力分配体系，将岗位的权力与责任进行清晰的界定，权力越大，责任就越大（图3–38）。

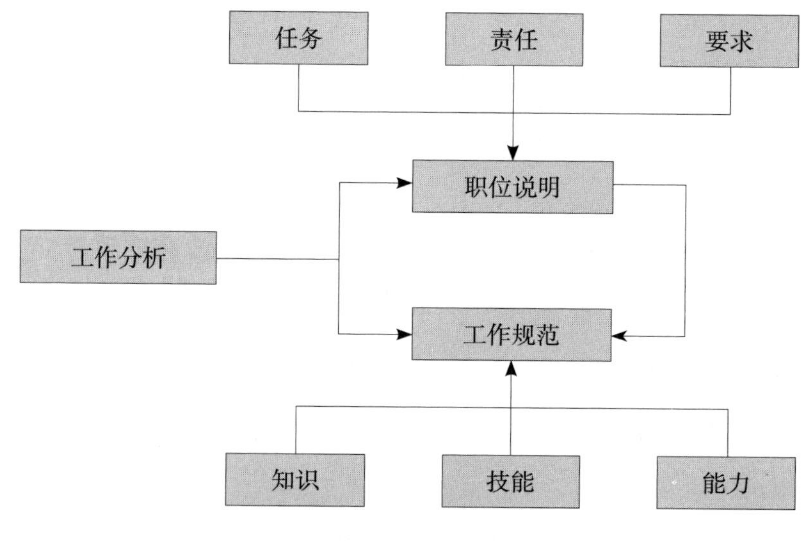

图3–38　工作分析流程

工作分析就是明确员工该干什么，什么样的人可以胜任这个岗位。

通过工作分析，我们能清晰地看到岗位职责的细化标准，从而依据岗位职责的内容与权限范围进行岗位薪酬的测算，为绩效考核提供有力的依据和指标。可以说，工作分析是企业规范化管理的必要条件。

因此，在进行有效的人员分工前，必须给每个岗位制定明确的岗位说明书，内容如下：

（1）基本资料。

基本资料包括岗位名称、岗位工作编号、汇报关系、直属主管、所属部门、工资等级、工资标准、所辖人数、工作性质、工作地点和岗位分析。

（2）工作概述。

简要说明岗位的工作内容、时间占比、工作权限和执行依据等。

（3）工作责任。

工作责任包括直接责任与领导责任，要逐项列出任职者的工作职责。

（4）工作资格。

工作资格指任职所具备的基本条件，主要包含学历、性格、体力要求以及其他方面的要求等。工作资格包括必备资格和理想资格，其中必备资格是完成工作要求的最低资格，理想资格则是在必备资格的基础上，希望具备的某些条件。

（5）发展方向。

在部分企业的岗位说明书中还会加入岗位的发展方向，明确企业内部岗位之间的相互关系，有利于员工明确发展目标，将自己的职业生涯规划与企业发展有机地结合起来。

客户中心——客户支持岗位说明书（范本）

一、基本资料

资料编号：客 001

1. 职务名称：客户支持	2. 直接上级：客户总监	3. 所属部门：客户中心
4. 工资等级：B 职系五等	5. 工资水平：	6. 分析日期：
7. 辖员人数：	8. 定员人数：1 人	9. 工作性质：业务人员
10. 分析人员：	11. 批准人：	

二、工作内容

1. 工作概要

负责客户中心客户的管理和支持

2. 职务说明（逐项说明工作任务、职责、权限、时间消耗）

编号	工作内容及职责	权限	耗时 / %
1	接听电话并记录电话来访的客户档案	负责	
2	分配有需求的电话客户给销售代表	决定	
3	检查销售代表的工作进度，并把工作进展情况记录到电话来访的客户档案中	负责	
4	梳理上一周所有未成交的客户，并注明未成交的原因，交给上级主管	执行	
5	处理顾客的信息咨询，进行简单的询价	负责	
6	处理顾客的售后服务及技术事宜，将需要服务或支持的用户信息转交给相关负责人，并跟进其进展情况	负责	

续表

编号	工作内容及职责	权限	耗时 / %
7	整理每周成交的客户档案及一些重要用户或有潜能用户的档案	负责	
8	协助其他客户中心代表的日常工作 · 保持专卖店场地卫生、整洁 · 上下班时检查电源及电脑 · 保管库存清单并确保销售代表知悉库存状态 · 销售代表外出时的联络及信息传达 · 收发传真，邮寄资料 · 提交每日工作报告	协助	
9	完成客户总监临时交办的工作	执行	

3. 工作关系

所施监督	在规定的权限内，自行处理有关事宜，如遇特殊事件，需向客户总监请示	
所受监督	客户总监	
职位关系	可直接升迁的职位	客户支持经理
	可相互转换的职位	业务部门客户支持、行政秘书、销售代表
	可升迁至此的职位	

三、任职资格

所需学历及专业	最低学历	专业	其他说明
	大专以上学历	计算机	其他专业同等学历也可以
所需技能培训（方可上岗）	培训时间	培训科目	
	三个月	计算机、市场营销、企业文化	
所需经验	一年以上相关工作经验		

续表

<table>
<tr><td rowspan="2">一般能力</td><td>项目</td><td>激励能力</td><td>计划能力</td><td>人际关系</td><td>协调能力</td><td>实施能力</td><td>信息能力</td><td>公共关系</td><td>冲突管理</td><td>组织人事</td><td>指导能力</td><td>领导能力</td><td>沟通能力</td><td>市场能力</td></tr>
<tr><td>需求程度（满分为5分）</td><td></td><td></td><td></td><td></td><td></td><td></td><td></td><td></td><td></td><td></td><td></td><td></td><td></td></tr>
<tr><td>基本素质</td><td colspan="7">1. 一定的计算机软硬件知识
2. 全面的市场营销知识
3. 较高的销售技巧与公关技巧
4. 吃苦耐劳、良好的职业道德与敬业精神
5. 善于接受新知识，学习能力较强</td><td>个性特征</td><td colspan="6">1. 性格开朗、自信、热情
2. 有较强的沟通能力、口才好
3. 心理承受力强，敢于接受挑战和压力，有开拓创新能力
4. 有合作精神
5. 心胸开阔</td></tr>
<tr><td colspan="15">体能要求：
身体健康，能承受快节奏、高强度的工作</td></tr>
</table>

四、工作场所

工作时间	工作环境和条件	工作均衡性
早9：00—晚5：30，经常加班	室内	比较忙碌

五、考核标准

1. 工作绩效	2. 工作态度	3. 工作能力	4. 专业知识	5. 责任感
6. 发展潜力	7. 企业文化	8. 协调合作	9. 品德言行	10. 成本意识

六、备注

直接上级：　　　　　　该职务执行人：

年　月　日

第四章 总经理必须知道如何知人善用

第一节 如何找到合适企业发展的人才及其对应的位置，实现人尽其才

招人不如留人，留人不如激发人，激发人不如选对人。总经理的核心任务就是选人、育人、留人和用人。对应的工作是招聘、培训、薪酬和职业生涯规划。

很多总经理不会管理员工，只知道四处求学提升自己，想尽办法改变员工。其实管理的前提是选对人，而不是改变人。要想轻松管理好公司，最好的方式就是选对人。人才没选对，努力全白费。那什么样的人算是对的人？有两项关键指标：

（1）价值观与公司的文化相匹配。

（2）能力与公司的岗位要求相匹配。

一、企业价值观评判标准和行为描述

简单来说，价值观就是一家公司必须坚守的底线、行为准则，也就是什么事情能做，什么事情不能做，什么是对，什么是错。

比如一家公司的企业文化就是赚钱，只要能收到钱，客户的一切要求都可以满足，那么这家企业的价值观就是收钱为王，一切以业绩为导向；再如一家公司的企业文化是诚实守信，如果客户提出的要求确实做不到，绝不会欺骗客户，那么这家公司的价值观就是诚实守

信，一切以真诚为导向。

公司倡导什么样的价值观就会吸引什么样的员工。相同价值观的人有着同样的行为底线，可以自我管理，因此找到价值观一致的员工可以降低沟通成本和管理成本。“道不同不相为谋”中的“道”，指的就是价值观。

企业规模很小的时候，价值观的作用也许并不明显，团队更多的是通过利益进行绑定。随着企业慢慢做大，员工在薪资方面得到了满足，这时价值观的重要性便逐步显现。

以“大脑营行”为例，前期为了快速发展，公司的重点放在了运用各种机制激发员工的动力上，通过利益进行企业管理。随着企业人数超过500人，原有机制不再能解决企业中所有的经营管理问题，就需要在满足物质需求的基础上，加强精神文明的建设。因此，我重构了“大脑营行”的使命、愿景和价值观，希望“大脑营行”成为一家为社会不断创造价值、贡献力量的企业（图4–1）。

图4–1 “大脑营行”企业文化

“大脑营行”要想达成“‘一站式’解决企业经营管理难题！”的使命，就必须有一群正直的人，共同坚守七大核心价值观——“客户第一、团队合作、积极向上、迎接变化、诚实守信、感恩奉献、结果为王”，这样才能践行“提升民族素质、促进经济发展、推动社会进步”的宗旨，从而实现“成为受人尊敬的公司，活300年”的愿景。

以前上管理课时，总是听老师说：企业文化就是老板文化，老板是什么样的，企业就是什么样的。过去我对这句话一知半解，当了这么多年老板之后，我才理解这句话的真正含义。老板必须把坚守的价值观植入每一位员工心中，达成共识，拥有同样的评判标准，才能确保方向的一致性。

在很多情况下，员工处理不了的事情，到老板这里就可以被轻易解决。其实，并不是老板的能力比员工强多少，而是员工不知道自己的处理方式是否正确，害怕承担责任，所以不敢轻易做决定。老板因为有明确的价值导向，所以能当机立断。

例如，“大脑营行”的价值观之一是客户第一，详细地诠释了客户第一、员工第二、股东第三。对这一价值观更直白的解读就是：当员工利益和客户利益发生冲突时，优先保护客户利益；当股东利益和员工利益发生冲突时，优先保护员工利益。

再如，以服务制胜的海底捞，客人本想打包没有吃完的西瓜，但服务员却说不可以，结果转头就给客人打包了一个完整的大西瓜。这位服务员不但没有被公司处罚，反而得到了表扬，因为海底捞的价值观就是客户第一，一切能让客人满意的服务都是正确的。

企业的价值观不仅仅是贴在墙上的文字，更要反映在每一位员工的言谈举止上。老板是员工的榜样，老板对价值观的践行程度会反映在每一位员工身上。当所有员工都会用价值观衡量和评判自己的行为，承担各自的责任，做问题的终结者时，这家公司一定会越来越好。

很多老板认为企业文化是虚无缥缈的、抽象的、看不见摸不着的，其实这种想法是非常片面的。真正有价值的企业文化一定是虚实结合的，既有战略层面的远大抱负，又有执行层面的诠释和行为描述，从而帮助企业从上到下达成共识，统一方向。

接下来我们就以“客户第一”为例，分享一下价值观的制定标准和行为描述（表4–1）。

表4–1　价值观标准——客户第一

分数	标准	诠释
1分	尊重他人，随时随地维护“大脑营行”的形象	人与人之间没有等级之分，尊重他人是“大脑营行”员工最基本的素养
2分	微笑面对客户投诉和受到的委屈，积极主动地为客户解决问题	不管是接到客户投诉，还是受到委屈，“大脑营行”员工必须先微笑，并积极主动地帮助客户解决问题
3分	客户第一，即使不是自己的责任也不推诿，做问题的终结者，给客户最好的服务体验	客户的问题是所有“大脑营行”员工的问题。只要接到客户投诉，不管是不是自己的客户，不管是不是自己的问题，都要第一时间进行处理和反馈
4分	站在客户的立场思考问题，在坚持原则的基础上，实现客户满意、公司满意。把为客户提供价值当作最重要的核心点	既要站在客户的立场上思考问题，也要遵守公司的规定，让客户和公司都满意。如果公司不满意，或者客户不满意，都不算好的结果
5分	洞察客户需求，探索创新机会	除非对公司有杰出的贡献，不然很难拿到此项分数

在价值观标准中增加诠释，是为了帮助员工更好地理解价值观的执行标准。但仅有执行标准还不够，很多员工还是不能具象地了解价值观在执行层面如何做，还需要给出行为描述，也就是具体的执行案例，通过不断复盘，达成价值观的统一（表4-2至表4-7）。

表4-2 “客户第一”0分行为描述

分数	案例
0分	业务员A在反复与客户沟通后，客户并没有购买后续课程。业务员A和业务员B在电梯里当着其他客户的面谈论此事，抱怨客户无心购买，浪费自己的时间
	业务员A多次给客户发信息及语音，客户觉得被骚扰，直接删除业务员A的微信。业务员A不但没有自我反省，反而在重新添加客户为好友后，辱骂客户，给公司抹黑
	客户因为资金周转困难，想退回还没有上过的课程报名费，多次向客服经理A提出申请。但客服经理A只考虑自身的利益，不仅反复拖延，而且欺骗客户上课一天后才能退款，严重损害公司的形象和信誉
	公司多名销售人员为了赚快钱，未经公司允许私自接受其他公司的金钱，在销售人员所负责的微信公众号上投放与本公司无关的广告，导致客户上当受骗，造成巨大的财物损失，同时给公司的形象带来了巨大的损害，使粉丝失去了对公司微信公众号的信任
	印度游学，由于工作人员检查不仔细，未能发现签证页存在问题，没有及时处理，导致3位客户无法如期出行，经过协商给予客户双倍补偿。虽然客户接受了赔偿，但不代表客户满意，给公司造成了极其不良的影响
	业务经理A因为工作失误弄丢了代理商的发票，推脱责任，反复拖延，导致代理商工资无法正常发放，严重影响公司信用，经公司查证属实，降级处理
	课程现场，客户想要报名课程，直接通过微信把报名费转账给客服经理A。客服经理A没有及时将钱退还给客户并告知正确的报名流程，而是自己收款后帮助客户报名，严重违反公司规定，被公司罚款双倍收款金额

表4-3 “客户第一”1分行为描述

分数	案例
1分	业务员A看到课程现场有3位盲人客户，主动照顾他们就餐，并确保他们出行的安全和便利
	课程现场，客户将手机忘在了签到台。签到组成员A知晓后，及时联系客户，并在完成签到工作后的第一时间把手机送还给客户
	课程期间，客户晚上突然肚子疼，走不了路，会务组成员A听到消息后，第一时间开车将客户送到医院，检查无恙后才返回酒店休息
	客户在课程期间因膝关节扭伤无法走动，服务经理A在了解情况后，亲自跑到药店买药送到客户手中，并无微不至地照顾客户，让客户非常感动
	课程结束后很多客户想要参观“大脑营行”公司，但公司规定周末不安排参观，考虑到客户来一趟不容易，行政部和销售部的员工顶着暴雨接待客户，让客户体验到宾至如归的感觉
	课程现场客户忘记带胸牌，虽拿出身份证进行证明，但按照公司规则，无胸牌者不得入内，结果客户当众抱怨公司制度不完善。业务员A微笑着和客户讲解公司制度和岗位职责，客户觉得有道理，进而更加尊重公司

表4–4 “客户第一”2分行为描述

分数	案例
2分	客户部员工A负责接听公司的官方客服电话，经常会遭到客户的谩骂，但她依然能耐心地引导客户，化解他们的情绪，帮助客户解决问题，不抱怨，不推诿，努力做到让客户满意
	代理商投诉公司一直没有收到合同，客服经理在了解情况后，第一时间与代理商对接，补发合同，并协助代理商完成了合同的签署，在财务核算的规定时间内，进行了结算
	孩子在课程期间和其他学员打闹，课后打电话向爸爸哭诉自己被人欺负，家长非常担心孩子的安全，向助教A投诉。助教A首先安抚家长的情绪，并立刻到孩子房间了解情况，在确认只是孩子之间的玩笑后，第一时间向家长进行反馈，并持续和家长沟通孩子的学习情况，让家长安心
	孩子在课程期间，无理地将果汁泼在助教身上，助教并没有对孩子大发脾气，而是耐心地跟孩子沟通，纾解他的情绪，最终解除误会，赢得了孩子的尊敬

表4-5 “客户第一”3分行为描述

分数	案例
3分	客服部经理A一年来不分白天黑夜接听公司的官方电话。无论客户的态度多么恶劣，客服部经理A都是从容不迫地面对，为客户解决了很多疑难问题
	客户来公司参观，当天负责接待的服务经理A不在公司，没有及时对接。客服经理B偶然间遇到客户，主动带客户参观公司并进行了详细的讲解，使客户非常满意
	销售总监A在公司群里看到有客户投诉，虽然不是自己的客户，但是第一时间主动联系客户，帮助客户解决了问题
	客户报名课程后想要在线学习，但不会在手机上操作，也不记得自己的服务经理是谁。业务员A知道后，主动联系客户进行指导，并帮助客户找到了自己的服务经理
	公司在企业群中发放通知，自2019年11月起，合作协议全部移交给财务部管辖。但依然有服务经理拿着合同到行政部盖章，行政部人员主动带领服务经理到财务部处理合同

表4–6 “客户第一”4分行为描述

分数	案例
4分	销售副总A和销售总监B在课程期间多次要求客户按时完成作业，但客户就是不做。按照公司规定，未能完成作业的客户不能签到上课。为此，销售副总A和销售总监B陪客户做作业直至凌晨2点
	课程期间，公司的销售冠军团队设计了现场展位的促销活动——砸金蛋。但公司领导层希望所有参展商和购买客户都能受益，决定将促销活动扩展至所有商家，达成多赢
	客户通过扫描业务员A的二维码进入公司数据库，完成了课程购买，按照公司规定，此客户理应归业务员A所有。但客户在认识业务员A前，已经和代理商B进行过课程的沟通，只不过代理商B没有给客户发成交码。业务员A在了解情况后，主动把客户让给了代理商B。虽然自己的利益受损，但为公司树立了良好的形象
	一位客户在开课前3天查出患病，急需手术，想要退回支付的500元培训费。按照公司规定，开课前7天必须完成改签，逾期视为违约。业务经理A在了解客户的实际情况后，把信息反馈给了公司，帮助客户拿回了500元的培训费
	一位客户因火灾事故导致事业和家庭都遭受重创，服务经理A主动联系这位客户，在他的帮助下这位客户的产品成功入驻“大脑营行”商城。服务经理A还帮助这位客户设计产品介绍页，联系公司高层转发产品信息，帮助他卖出几十万元的产品，解了燃眉之急

表4-7 “客户第一”5分行为描述

分数	案例
5分	年底的课程现场，只设立了45个展位，但很多客户想要年底参展冲业绩。商旅部的员工考虑到众多客户的需求，想尽办法协调会场，并将展位增加至89个，帮助客户年底创收
	客服经理A发现客户的公司一直深陷价格竞争中，通过和客户的深入交流，帮助客户想出了礼品策略，并借助“大脑营行”商城礼品模块，成功实现了业绩倍增
	销售总监A在课程现场主动收集客户在经营中遇到的问题，帮助他们出谋划策，并花了十几个小时把好的方法和策略做成PPT，给40位客户做了三场干货分享
	销售总监A发现很多客户在学习后未能很好地将内容落地，就主动创立了老板学堂，通过微信群在线给客户分享“大脑营行”的企业文化和落地机制，真正帮助客户解决了问题
	客服部在服务中了解到代理商的需求后，制作了很多工作流程图及服务资料手册，帮助代理商解决问题。同时，为了让客户更好地了解公司，在课程签到当天租场地讲解实操内容，创新服务，发自内心地帮助代理商创造价值

二、人才行为指标的评判标准

（一）行为指标设计的重要性

通过以上价值观的行为描述，大家可以更具象地了解到价值观在执行层面的落实情况。为了引导员工更好地践行价值观，就必须设计一套行为指标的评判标准。行为指标是指每个岗位必须达到的标准，也就是公司要求员工做到的程度，如主动性、创新性、协作性、服从性、领导力、学习力等。

这些行为指标在公司选人的时候非常重要，接下来和大家分享一个案例。

【案例分享】

几年前，我的一个朋友向我借车，可是他还完车以后，我发现在他用车期间有六个闯红灯的违章记录。我的这位朋友是有专职司机的，司机能拿到A类驾照，就证明这位司机的专业能力过关，但是他的行为指标却不合格。换句话说，这位司机虽然拥有A类驾照，能力达到了岗位标准，但是他却多次违反交规，与公司设定的行为指标严重不符，所以这样的人就不是公司所需要的。

每家企业的战略规划及发展方向不同，因此每个岗位要求的行为指标也不同。企业可以建立行为指标库，从中选择与岗位相匹配的行为指标，从而找到最合适的人。一家企业设定的行为指标通常为8～10个，基层2个，中层2～4个，高层4个。

（二）行为指标设定的四项原则

（1）与企业文化相匹配，即符合企业的价值观。

（2）强调过去岗位人员因失职造成的损失，持续优化后期的行为指标。

（3）期待员工自身养成的习惯，即企业希望员工具备哪些好习惯。

（4）岗位特性，即不同岗位要有不同的岗位特性。

（三）不同岗位的行为指标

1. 销售岗位的行为指标

（1）主动性；

（2）服从性；

（3）有一定的学习能力；

（4）以客户为中心，诚实守信。

2. 人力资源岗位的行为指标

（1）公平性；

（2）真实性；

（3）保密性；

（4）协作性；

（5）职业化。

3. 总经理岗位的行为指标

（1）承担责任；

（2）有一定的领导能力；

（3）有一定的决策能力；

（4）职业化。

4. 会计岗位的行为指标

（1）清财，不违反财务制度，主动接受监督，不因自身利益破坏游戏规则；

（2）忠诚，主动节省费用，不影响工作质量；

（3）保密；

（4）真实。

很多公司招聘时，是把岗位胜任力放在第一位的，但在实际工作中，价值观才是核心和根本。首先构建企业的价值评判体系，确定好理想人才的行为指标，然后再结合岗位胜任力，才能找对人，做对事。

为了帮助公司更好地选人，我们开发了一个工具叫作“企业新员工价值观测评”，只有考试分数达到90分及以上的人，才有资格来公司求职。

扫码参与“企业新员工价值观测评”

除了招聘新员工时需要测评，内部员工的晋升也需要完成价值观的测评。公司规定价值观考试分数低于90分者，不得晋升。

扫码参与“管理版员工价值观测评”

（四）不同类别的行为指标

因为每个公司的价值观不同，因此对应的行为指标也不同。行为指标一共有 5 级：1 级对应基层员工，2 级对应主管，3 级对应经理，

4级对应总监，5级对应总经理。级别越高，要求越高。如5级对应的是总经理，并不是说总经理只需具备第5级的指标，而是要满足1级到5级的全部指标（表4–8至表4–29）。

1. 管理类行为指标（表4-8至表4-13）

表4–8 管理类行为指标——承担责任

级别	指标
1级	以结果为导向，而不是强调愿望
2级	承担责任，不推卸责任，不指责他人
3级	着手解决问题，减少业务流程
4级	举一反三，改进业务流程
5级	做事有预见，有防误设计

表4–9 管理类行为指标——清财

级别	指标
1级	不违反财务制度
2级	没有任何财务问题，并主动接受监督
3级	不因自身利益而破坏游戏规则
4级	主动节省费用，并不影响工作质量
5级	财务方面光明磊落，对其他成员产生影响力与威慑力

表4–10 管理类行为指标——忠诚

级别	指标
1级	不散布不利于公司的信息和技术
2级	在公司处于危机时不主动离去
3级	职业生涯规划与公司发展一致
4级	危机时体现本职工作的价值
5级	通过本职工作，扭转局势，创造新局面

表4-11 管理类行为指标——领导力

1级	合理任命员工
2级	能正确评价员工的付出与回报
3级	对员工的业绩与态度能进行客观评价
4级	精确掌握岗位工作，组织实施产生良好效果，培训员工
5级	影响力大，员工自愿追随

表4-12 管理类行为指标——成长认知

1级	工作失误，承认结果，不抱怨、不报复批评者与处罚者
2级	绩效分值低于平均值时，可以找出工作症结并提出建议
3级	单位周期内工作链点无失误
4级	具备角色认知，积极工作
5级	能力提升有递进性，具备明显的工作价值

表4-13 管理类行为指标——团队合作

1级	尊重他人，有同理心，能接纳不同意见
2级	主动分享观点和信息使团队提升
3级	支持团队领导者的决定，即使自己有不同意见
4级	愿意提供不属于自己日常工作职责范围的帮助
5级	跨边界建立关系以发展非正式及正式的工作网络

2. 态度类行为指标（表4-14至表4-21）

表4-14　态度类行为指标——主动性

1级	等候指示
2级	主动询问工作分配
3级	提出建议后，做出相关行动
4级	主动行动，遇偶发事件能征求意见
5级	独立行动，定时汇报结果

表4-15　态度类行为指标——自信心

1级	坚定，有建设性地提出观点和想法
2级	即使没有明确指标，也能独立工作并承担后果
3级	接受困难工作的分配
4级	主动面对困境
5级	面对建设性的挑战，制定战略并取得成果

表4-16　态度类行为指标——商业保密

1级	知道商业技术及信息的范围及要点
2级	工作期间遵守单位保密协议，并积极宣传正面信息
3级	不进行商业性信息交易，不透露公司发展的技术及战略
4级	维护公司商业机密并有实际案例
5级	带动他人做好商业保密工作，自离职日起5年内为脱密期

表4-17 态度类行为指标——公平

1级	不对除下级以外的人进行指责
2级	对下级和同事进行正确的评定
3级	运用制度对工作做出正确评定
4级	主动提出他人工作中的改进方案
5级	对别人提供支持，并产生积极效果

表4-18 态度类行为指标——真实

1级	不指责别人，不挑起事端
2级	对工作进行真实公布，不欺骗员工
3级	承认与尊重事实，坦诚公开工作失误
4级	清晰认知能力的不足，有效提升能力
5级	有人格魅力

表4-19 态度类行为指标——以客户为中心

1级	提供必要服务
2级	快速解决客户提出的问题
3级	找出客户深层次的需求，并提供相应的产品
4级	成为客户信赖的对象，在保证公司利益的情况下，影响客户的决策
5级	维护客户利益，保证公司的长远利益

表4-20 态度类行为指标——工作服从

1级	服从上级，不抱怨
2级	服从上级，做好本职工作
3级	服从上级，对上级交代的工作提出合理化建议
4级	绝对忠诚，获得良好的工作结果
5级	无须上级下达命令，就能获得良好的工作结果

表4-21　态度类行为指标——服务细致

1级	完成公司KPI服务流程
2级	主动问询服务性问题
3级	执行中无客户投诉
4级	全面服务与诚实服务
5级	给客户带来意想不到的服务

3. 能力类行为指标（表4-22至表4-29）

表4-22　能力类行为指标——创新能力

1级	对周围事物充满兴趣
2级	勤用脑
3级	创造力 = 综合能力+想象力
4级	可以唤醒内在潜能
5级	有奇思妙想、创新方案设计、小发明和科学小论文

表4-23　能力类行为指标——创业能力

1级	关心创业案例，主动与人分享商业理想
2级	有创业职业生涯规划，会主观表达
3级	掌握创业资金、产品和人才，有具体执行方案
4级	创业经历不少于一次
5级	有创业的成功经验，并总能取得成功

表4-24 能力类行为指标——人际关系能力

1级	接受邀请，维持普通的工作关系
2级	建立融洽关系，会讨论非工作事项
3级	较多社会性交往
4级	能与客户成为密友，拓展业务
5级	亲和力强，可以吸引不同层级的客户成为战略合作方

表4-25 能力类行为指标——决策能力

1级	可做出本职岗位上的决策及下级决策
2级	通过头脑风暴，可以做出正确决策
3级	无依赖思想，理性使用工具
4级	有预见性，感性与理性间的决策误差小
5级	决策超出组织预期

表4-26 能力类行为指标——学习能力

1级	有学习意识，但无行动
2级	主动学习
3级	自费学习，提升技能
4级	学习后用于实践
5级	学习后用于实践，并取得良好效果

表4-27 能力类行为指标——慎独能力

1级	工作时不做与工作无关的事宜，迫不得已时才可破例
2级	按制度与工作标准达成结果
3级	没有工作质量与业绩的扣罚记录
4级	以工作质量为目标，上级是否在场并不重要
5级	正确认识工作价值，心甘情愿地工作，超出上级期望

表4-28　能力类行为指标——宽容能力

级别	内容
1级	对失误的员工，能做到有条件谅解
2级	对知错不改的员工进行合理处罚并进行指导
3级	具有消除误解的沟通能力
4级	通过合理的方式方法，影响员工的价值观
5级	通过激励员工，让员工减少出错

表4-29　能力类行为指标——职业化能力

级别	内容
1级	掌握岗位理论基础，处理复杂工作
2级	危机及冲突中，通过独特经验化解
3级	在没有监督的情况下，不占有不属于自己的利益
4级	从本职工作中获得快乐
5级	可以认知岗位的价值性与高尚性，内心愿意为之付出

第二节　如何打造科学的绩效考核系统，实现人才的优胜劣汰

一、人才画像

为什么很多公司总是招不到合适的人？或者说为什么招来的人总是无法达到公司的要求？这是因为公司在招聘前既没有分析过什么人可以把工作做好，也没有分析过企业当下需要什么人，只是觉得企业缺人，但又不知道企业具体缺什么人。

很多公司在招聘时缺乏明确的目标导向，写的都是主观概念上的想法，比如积极乐观、吃苦耐劳、孝敬父母……这类字眼在实际工作

中虽然有所帮助，但是并不能解决根本问题。

如果不知道岗位的要求，就无法知道到底什么人可以满足企业发展的需要，自然无法找到合适的人，也就无法对人进行考核，更无法确定薪酬标准。

假设我要招聘一位营销总监，总不能随便一个人来面试，我就聘用吧。在招聘前，我要先写出营销总监需要具备哪些能力，需要具备哪些经验，需要什么学历，需要掌握哪些技能，需要拥有哪些性格特质，需要承担哪些责任，拥有哪些权力，有哪些工作任务，有哪些工作标准，工资如何核算，考核指标是什么。

公司给你多少权力，你就有多少责任，对应你可以获得多少利益，这叫作权力、责任、利益对等。

如果没有明确的标准，我找的营销总监有没有可能是冲着钱来的？非常有可能。但他也知道自己没有这个能力，只是想碰碰运气。如果蒙混过关了，老板是不是也要一段时间之后才能发现这个人的能力不行？一旦发现，“请神容易送神难”的经典场景就开始上演了。遇到这种情况，老板往往都是哑巴吃黄连——有苦说不出。

所以我在招聘前需要有一个标尺，确定我要的营销总监必须具备哪些能力，然后在面试的时候，根据这个标尺逐条询问。想要评判面试者回答的真伪，就需要他提供各种材料证明，比如证书。最后，用试用期来检测面试者能力的真伪。

要完成这一整套流程，前提就是有一张完整的工作分析图，从而出具岗位说明书。我们以业务总经理为例进行说明（表4–30）。

表4–30　业务总经理岗位说明书

任职要求	年龄	28～46岁
	性别	不限
	籍贯	不限
	学历	企业管理、工商管理、行政管理等相关专业硕士及以上学历
	婚姻状况	不限
	经验要求	10年以上企业管理工作经验，5年以上企业全面管理工作经验
	知识要求	熟知企业业务和运营流程，具备企业管理、战略管理、市场开发管理、人力资源管理、财务管理等相关专业知识
	能力要求	有优秀的领导能力、出色的人际交往能力和社会活动能力，善于协调、沟通，亲和力、凝聚力、感召力、判断力、决策力、计划力、谈判能力强，有敬业精神、职业道德、职业操守
	岗位特性	承担责任、领导力、决策力、职业化，具备敏锐的商业触觉，为人干练、踏实，责任感、事业心强
工作关系	汇报对象	CEO
	管理部门	共创业务部
	管理对象	销售部、大客户中心、渠道部、支持部
	协调岗位	数据中心、技术部、会务部、人力资源部、业务部、行政部
工作职责	市场分析	分析市场发展趋势，分析行业竞争现状，收集竞品及服务模式、团队、薪酬、绩效等机制，分析自身业务增长变化、团队、薪酬、绩效等机制，输出竞争优劣势、机会点以及目标、策略、路径
	战略承接	参与公司发展战略的制定，分解战略目标并落实，制定实施策略和具体执行方案
	目标设定	掌握“目标设定的八大步骤”，生成详细的计划书并分解到团队

续表

工作职责	组织架构	根据公司战略计划及时调整销售部的组织架构，编制各岗位职责和工作流程
	岗位职责	梳理所辖部门和下级员工的岗位职责说明书
	薪酬机制	根据业务发展，及时优化薪酬机制和晋升机制，使其更具竞争力和激励作用
	绩效管理	制定各职级的关键绩效指标和考核方案、绩效辅导策略，根据公司战略和发展及时调整和优化绩效考核体系
	团队建设	根据团队人员架构和业务需求，引入不同层级的人才，建立合理机制，完善人才梯队
	文化落地	落实公司制度，弘扬公司企业文化，统一团队目标、语言、沟通机制，组织团建活动，做好人文关怀，让团队快乐工作、认真生活
	人才培养	定期对团队的组织架构和人员进行盘点分析，实时了解团队人力状况，制订引进和培育人才的计划，为团队打造核心竞争力
	提升成才率	根据市场变化，适时调整团队新人培训计划和策略，健全培训和辅导机制，挖掘和研发抓潜流程和服务流程，并及时进行培训和落实
	绩效复盘	绩效复盘/流程梳理：绩效面谈辅导，关键战役里程碑、每月/每周组织包含目标回顾、实际达成、差距分析、优化方案的复盘会议，修正目标、保障落地
	过程管理	根据计划的时间节点跟踪阶段性目标的达成情况，引导团队进行差距分析、输出共识的优化方案，保障计划的有效落地
	团队管理	负责团队人员的工作安排和调度，做好上下协调和横向工作的配合
	人才盘点	设计人才盘点标准和流程，组织团队围绕绩效、潜力的人才盘点
	完善机制	根据公司经营战略规划，优化完善公司福利，制定团队激励方案和策略
	奖优罚劣	明确激励资源池，设计奖罚标准和流程，组织激励资源分配

续表

工作职责	跨部门协调	负责宣传贯彻公司各项规章制度及政策的落实，加强与数据中心、财务、行政、会务等各部门沟通协作高效联动作业
管控指标	一级 KPI	团队增员、成才率、人均产值、团队流失率、团队底薪达成率

岗位说明书中有明确的板块划分："任职要求"是人才画像，能让公司清楚地知道要招聘一个什么样的人；"工作职责"是这个人需要具备的能力；"管控指标"是指如何对这个人进行绩效考核。

做企业就是要以结果为导向，如果入职的员工没有能力为企业创造利润，公司就是亏损，即使这个人的价值观与企业完美契合，也是不能留用的。所以，管理中很重要的事情就是找对人。除价值观外，企业需要结合实际情况，依照目标进行全面的工作分析，为每一个职位建立工作需求文件。

为什么大型企业总能招到合适的人才，而且人员流动率非常低？因为大型企业都拟定了简历标杆，在招聘时有一把标尺，知道自己需要什么人，也知道什么人适合公司，一眼就可以从众多面试者中挑选出最合适的人。

小公司总招聘不到人的原因是从来没有做过工作分析、人才画像和简历标杆，甚至有些总经理和人力资源经理都不知道什么是工作分析，什么是人才画像，什么是简历标杆。一方面，小公司制度和流程不规范；另一方面，公司没有知名度，薪酬不高，有人愿意来应聘，总经理就已经非常开心了，肯定会迫不及待地介绍公司，结果原本应该是总经理面试求职者，反而成了求职者面试总经理。

为了确保公司能找到对的人，在招聘前需要先制定简历标杆，根据以往的历史数据分析出能够胜任岗位职责、完成目标的人到底应该具备哪些条件，比如年龄、学历、性别等。给大家看一下“大脑营行”为基层业务员做的人才画像（表4–31）。

表4–31 基层业务员的人才画像

<table>
<tr><td rowspan="10">任职要求</td><td>年龄</td><td>18～35岁</td></tr>
<tr><td>性别</td><td>不限</td></tr>
<tr><td>籍贯</td><td>不限</td></tr>
<tr><td>学历</td><td>中专以上学历，市场营销等相关专业者优先</td></tr>
<tr><td>婚姻状况</td><td>未婚者优先</td></tr>
<tr><td>经验要求</td><td>有1年及以上销售经验，有教育培训行业工作经历者优先</td></tr>
<tr><td>知识要求</td><td>可以熟练使用微信、手机、电脑和各种办公软件，普通话标准</td></tr>
<tr><td>能力要求</td><td>具备较强的销售技巧及沟通表达能力，有良好的客户服务意识，有很强的学习敏感度及亲和力</td></tr>
<tr><td>性格特质</td><td>有强烈的企图心，思维敏捷，职业化，能承受较大的工作压力</td></tr>
<tr><td>岗位特性</td><td>以业务为中心设置的岗位，具有包容性和多变性</td></tr>
</table>

通过分析历史数据，我们发现业务员业绩的好坏和学历没有直接关系，所以“大脑营行”对基层业务员的学历要求并不高。另外，通过分析我们了解到，面试通过率较高的是没有结婚的人，因为这部分人生活压力比较小，即使前期没有业绩提成，生活上也不会有太大的问题。所以当其他条件相同时，公司会优先录取未婚者担任基层业务员。

以上的基层业务员人才画像只是给大家一个参考，千万不要照搬全抄。简历标杆必须参照行业特性和公司历史数据，大家可以根据以下的框架进行制定。

业务员简历标杆框架：

（1）年龄：容易出业绩的年龄段是20～30岁。

（2）性别：根据行业及岗位要求，确定是男士优先，还是女士优先，还是男女不限。

（3）籍贯：地域差异是否会导致业绩差异，需要进行历史数据分析。

（4）学历：需要测算最容易出业绩的学历。

（5）婚姻状况：婚姻状况是否会导致业绩差异，需要进行历史数据分析。

（6）经验要求：需要有岗位经验、行业经验或者经验不限。

（7）知识：比如法律知识、财经知识、网络知识、管理知识、社会知识、自然知识等。

（8）能力要求：包括系统建设能力、教练能力、销售能力、领导能力、抗压能力等。

（9）其他要求：比如驾照或其他证书等。

如果没有简历标杆，公司只知道缺人，但不知道缺什么人。如果在一个重要的工作岗位上安排了不合适的人选，公司蒙受的损失将不可估量。因此，公司需要在最初就把人为风险降到最低。

接下来给大家分享一些简历标杆的参考资料，希望有所帮助（表4–32至表4–34）。

表4-32　销售经理人才画像

任职要求	年龄	25～48岁
	性别	不限
	籍贯	不限
	学历	大专及以上学历，市场营销等相关专业者优先
	婚姻状况	不限
	经验要求	有2年及以上销售管理经验，有教育培训行业工作经历者优先
	知识要求	熟知业务流程和团队管理流程，掌握各个办公软件的应用
	能力要求	具备较强的沟通、表达、组织、培训、总结、数据分析、创新及市场应变能力，有超强的执行力，善于凝聚团队力量，有良好的客户服务意识
	性格特质	具备成就客户、成就团队的初心，有强烈的企图心，思维敏捷，职业化，能承受较大的工作压力，善于与人相处
	岗位特征	以业务管理为中心设置的岗位，具有包容性和多变性

表4-33 客服经理人才画像

任职要求		
	年龄	18～48岁
	性别	不限
	籍贯	不限
	学历	大专及以上学历优先
	婚姻状况	已婚已育者优先
	经验要求	有1年及以上销售或客服工作经验，有教育行业咨询、服务、销售经验者优先
	知识要求	熟练使用微信、手机、电脑及各种办公软件和网络营销工具，普通话标准
	能力要求	具备良好的客户服务意识、团队协作精神，有较强的人际沟通能力、情绪调控能力以及抗压能力，有较强的工作积极性和主动性，具备时间管理能力，严于律己
	性格特性	有强烈的企图心，亲和力强，思维敏捷，职业化，能承受较大的工作压力
	岗位特性	以服务为中心设置的岗位，具有包容性和多变性

表4-34 销售总监人才画像

任职要求	年龄	28～46岁
	性别	不限
	籍贯	不限
	学历	企业管理、工商管理、行政管理等相关专业，大专及以上学历优先
	婚姻状况	不限
	经验要求	3年以上企业管理工作经验
	知识要求	熟知客户服务的流程，对于新的服务方式有敏感度、学习力，能与时俱进，持续优化服务流程
	能力要求	有较强的计划、决策能力，善于凝聚团队力量，沟通客户
	岗位特性	承担责任、领导力、决策力、职业化，具备敏锐的商业触觉，为人干练、踏实，责任感、事业心强

二、岗位职责

和大家分享一个有趣的工作场景：一位总经理招聘了一名新员工，安排他完成某项工作。当新员工完成工作后，第一时间向总经理汇报，并询问接下来的工作安排。于是，总经理进行了一番交代。当员工又一次完成工作后，还是第一时间向总经理汇报，再次询问接下来的工作安排。总经理又交代了一番，员工又去干，干完回来又问。

对于这个场景，很多总经理是不是特别熟悉？我想请问各位总经理，你是给自己找了一名下属，还是给自己找了一个领导？其实上面这个案例中的新员工还算是积极主动的，实际工作中我们经常会遇到很多员工在完成上级交代的任务后，就自己给自己放假了，结果上级忙得要死，下级闲得没事干。

这种情况为什么大多出现在中小型公司中？因为中小型公司很少进行岗位的工作分析，也就没有明确的岗位职责，自然对员工没有约束力。

制定岗位职责的好处主要体现在三个方面：第一，员工在上岗前就知道胜任该岗位所必备的基本素质；第二，员工清晰地知道自己的责、权、利；第三，上下级关系明确，知道谁管谁，谁被谁管。

编写岗位责任书的三大要点：

（1）职责——应该做什么？

（2）目标——应该做到什么程度？

（3）考核——做得怎么样？

简单来说，岗位责任书的作用就是告诉员工应该做些什么，员工只要在工作中“讨好”这张纸就可以了。一般管理不完善的公司都是让员工围着人转，所以员工的心思都花在了如何讨好上级上；而管理完善的公司是让员工围着“事”转，引导员工把心思都花在工作上，只要员工把该做的事情做好，就可以得到奖励，反之，就会受到惩罚。

绝大多数公司根本没有进行过工作分析，所以也没有办法编写岗位责任书。常规的做法就是列出一些基础的工作范围，然后在最后写上“其他”两个字。员工眼里的“其他”是什么意思？就是自己看着办的意思，也就全凭员工的自觉性了。

管理完善的公司在新员工入职的第一天，就会给出一份岗位责任书，告诉新员工详细的工作内容。而新员工要做的就是把岗位责任书贴在工位上，每天按照要求工作即可。如果公司里每一位员工都能把本职工作做到极致，公司会越来越好。

建议总经理在编写岗位责任书之前，先收集公司各岗位员工胜任本职工作所需的条件，并记录下他们每天的工作量和具体执行步骤。然后再与各部门主管进行确认和完善，形成一套初步的标准。通过后期不断优化和升级，最终形成一套公司专属的管理体系（图4–2）。

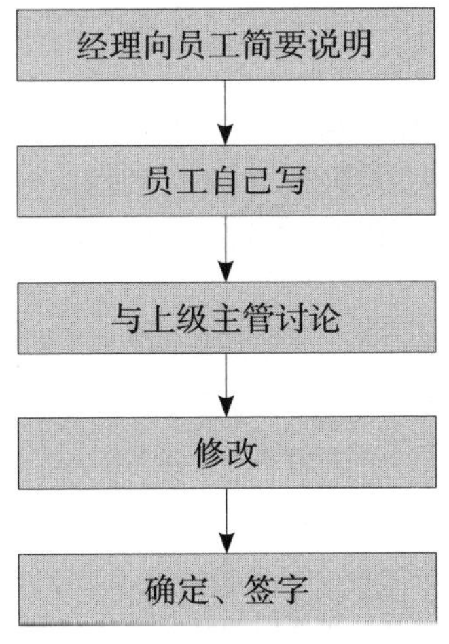

图4–2 岗位责任书的编写流程

接下来给大家分享一下标准的岗位职务描述，大家以此为模板，可以进行改编（表4-35至表4-40）。

表4-35　财务总监职务描述

职务名称	财务总监
直接上级	总经理
直接下级	财务会计部经理、管理会计部经理、审计监察部经理、库管部经理、财务总监助理
本职工作	负责公司财和物的规划与控制工作
业务职责	（1）了解当前销售策略下的市场状况 （2）组织领导公司的财务管理、成本管理、预算管理、会计核算、会计监督、审计监察、存货控制等方面工作，加强公司的经济管理，提高经济效益 （3）参与制定公司年度总预算和季度预算调整，汇总、审核下级部门上报的月度预算，召集并主持公司月度预算分析与平衡会议 （4）负责重要内审活动的组织与实施 （5）掌握公司财务状况、经营成果和资金变动情况，及时向总经理和董事长汇报 （6）主持制定公司的财务管理、会计核算和会计监督、预算管理、审计监察、库管工作的规章制度和工作程序，经批准后组织实施并监督检查落实情况 （7）组织执行国家有关财经法律、法规、方针、政策和制度，保障公司合法经营，维护股东的合法权益 （8）按规定审批程序，从银行提取现金 （9）负责审核签署公司预算、财务收支计划、成本费用计划、信贷计划、财务报告、会计决算报表，会签涉及财务收支的重大业务计划、经济合同、经济协议等 （10）参与公司投资行为、重要经营活动等方面的决策和方案制定工作，参与重大经济合同或协议的研究、审查，参与重要经济问题的分析和决策 （11）做好财务系统各项行政事务处理工作，提高工作效能，增强团队精神 （12）做好财务系统文件、资料、记录的保管与定期归档工作 （13）做好保密工作 （14）代表公司与外界有关部门和机构联络，并保持良好的合作关系

续表

<table>
<tr><td>管理职责</td><td>1. 组织建设
（1）参与讨论公司部门级以上组织架构
（2）确定下级部门的组织架构
（3）当发现下级部门的岗位设置或岗位分工不合理时，要及时做出调整，并通知人力资源部
2. 招聘及任免
（1）用人需求
① 提出直接下级岗位的用人需求，并编写该岗位的岗位职责和任职资格，提交总经理确认
② 确认直接下级提交的用人需求、岗位职责和任职资格，提交总经理确认
（2）面试
① 进行直接下级的岗位初试
② 进行直接下级的直接下级的岗位复试，做出最后确定
③ 组织参与面试的人员
（3）不合格员工处理
① 提出对不合格直接下级的处理建议，提交总经理确认
② 确认直接下级提出的对不合格员工的处理建议，提交人力资源部
3. 培训
（1）提出对直接下级的培训计划，提交总经理确认
（2）确认直接下级提出的培训计划，提交人力资源部
4. 绩效考评
（1）提出直接下级的绩效考评原则，提交总经理确认
（2）根据总经理确认的绩效考评原则，与人力资源部经理商讨并确定绩效考评方法
（3）对直接下级进行考评，并进行考评沟通，将考评结果提交人力资源部
5. 工作沟通
（1）汇总工作报告，并与总经理进行信息沟通，同时将信息传递给直接下级
（2）将公司的政策、原则、策略等信息，快速、清晰、准确地传达给直接下级
（3）确定书面的交互式的工作通报制度，与直接下属进行沟通
6. 激励
（1）提出下级部门和直接下级的激励原则，提交总经理确认
（2）根据总经理确认的激励原则，与人力资源部经理商讨并确定激励方法
7. 经费审核与控制
（1）依据财务制度审批下级部门的各项花费，确认支出的合理性
（2）监督并控制下级部门的费用支出，向总经理进行费用月报
8. 工作报告
定期将自己的各项工作及下级部门工作以书面的形式向总经理汇报
9. 表现领导能力
（1）指导、鼓励、鞭策下级，激发下级努力工作
（2）有办法提升下级的工作效果和工作效率
（3）能为下级描绘公司的战略意图和远大前景</td></tr>
</table>

表4–36　销售总监职务描述

职务名称	销售总监
直接上级	总经理
直接下级	销售部经理、市场部经理、公关部经理
本职工作	负责公司的整体市场营销工作
业务职责	（1）参与制定公司营销战略，根据战略制定公司营销组合策略和营销计划，经批准后组织实施 （2）负责重大公关、促销活动的总体现场指挥 （3）定期对市场营销环境、目标、计划、业务活动进行核查分析，及时调整营销策略和营销计划，制定预防和纠正措施，确保完成营销目标和营销计划 （4）根据市场及同业情况制定公司新产品市场价格，经批准后执行 （5）负责重大营销合同的谈判与签订 （6）主持制定、修订营销系统主管的工作程序和规章制度，经批准后施行 （7）制订营销系统年度专业培训计划，并协助培训部实施 （8）协助总经理调整公司营销组织，细分市场的建立、拓展，调整市场营销网络 （9）负责分解下达年度工作目标和市场营销预算，根据市场和公司实际情况及时调整、有效控制 （10）定期和不定期拜访重点客户，及时了解和处理问题 （11）代表公司与政府对口部门和有关社会团体、机构联络

续表

<table>
<tr><td>管理职责</td><td>1. 组织建设
（1）参与讨论公司部门级以上组织架构
（2）确定下级部门的组织架构
（3）当发现下级部门的岗位设置或岗位分工不合理时，要及时做出调整，并通知人力资源部
2. 招聘及任免
（1）用人需求
① 提出直接下级岗位的用人需求，并编写该岗位的岗位职责和任职资格，提交总经理确认
② 确认直接下级提交的用人需求、岗位职责和任职资格，提交总经理确认
（2）面试
① 进行直接下级的岗位初试
② 进行直接下级的直接下级的岗位复试，做出最后确定
③ 组织参与面试的人员
（3）不合格员工处理
① 提出对不合格直接下级的处理建议，提交总经理确认
② 确认直接下级提出的对不合格员工的处理建议，提交人力资源部
3. 培训
（1）提出对直接下级的培训计划，提交总经理确认
（2）确认直接下级提出的培训计划，提交人力资源部
4. 绩效考评
（1）提出直接下级的绩效考评原则，提交总经理确认
（2）根据总经理确认的绩效考评原则，与人力资源部经理商讨并确定绩效考评方法
（3）对直接下级进行考评，并进行考评沟通，将考评结果提交人力资源部
5. 工作沟通
（1）汇总工作报告，并与总经理进行信息沟通，同时将信息传递给直接下级
（2）将公司的政策、原则、策略等信息，快速、清晰、准确地传达给直接下级
（3）确定书面的交互式的工作通报制度，与直接下属进行沟通
6. 激励
（1）提出下级部门和直接下级的激励原则，提交总经理确认
（2）根据总经理确认的激励原则，与人力资源部经理商讨并确定激励方法
7. 经费审核与控制
（1）依据财务制度审批下级部门的各项花费，确认费用支出的合理性
（2）监督并控制下级部门的费用支出，向总经理进行费用月报
8. 工作报告
定期将自己的各项工作及下级部门工作以书面的形式向总经理汇报
9. 表现领导能力
（1）指导、鼓励、鞭策下级，激发下级努力工作
（2）有办法提升下级的工作效果和工作效率
（3）能为下级描绘公司的战略意图和远大前景</td></tr>
</table>

表4–37　行政总监职务描述

职务名称	行政总监
直接上级	总经理
直接下级	行政部经理、保卫部经理
本职工作	统筹管理公司事务、安全保卫、内部服务与对外联络工作
业务职责	（1）参与制定公司年度总预算和季度预算调整，汇总、审核下级部门上报的月度预算，并参加公司月度预算分析与平衡会议 （2）负责公司行政方面重要会议、重大活动的组织筹备工作 （3）负责公司的后勤服务工作，创造和保持良好的工作环境 （4）定期组织做好办公职能检查，及时发现问题、解决问题，同时督促做好纠正和预防措施 （5）负责定期召集员工建议审议委员会成员对合理化建议进行评审 （6）接待公司重要来访客人，处理行政方面的重要函件 （7）负责公司的防火安全、保卫工作，并定期组织检查，保证公司安全 （8）组织公司有关法律事务的处理工作，指导、监督检查公司保密工作的执行情况 （9）负责协调公司系统间的合作关系，调节工作中出现的问题 （10）负责公司管理模式执行情况的检查工作，汇总各部门的反馈意见，整理分析后向总经理汇报 （11）掌握行政系统工作情况和公司行政管理工作的运作情况，适时向总经理汇报 （12）代表公司与外界有关部门和机构联络，并保持良好的合作关系

续表

<table>
<tr><td>管理职责</td><td>1. 组织建设
（1）参与讨论公司部门级以上组织架构
（2）确定下级部门的组织架构
（3）当发现下级部门的岗位设置或岗位分工不合理时，要及时做出调整，并通知人力资源部
2. 招聘及任免
（1）用人需求
① 提出直接下级岗位的用人需求，并编写该岗位的岗位职责和任职资格，提交总经理确认
② 确认直接下级提交的用人需求、岗位职责和任职资格，提交总经理确认
（2）面试
① 进行直接下级的岗位初试
② 进行直接下级的直接下级的岗位复试，做出最后确定
③ 组织参与面试的人员
（3）不合格员工处理
① 提出对不合格直接下级的处理建议，提交总经理确认
② 确认直接下级提出的对不合格员工的处理建议，提交人力资源部
3. 培训
（1）提出对直接下级的培训计划，提交总经理确认
（2）确认直接下级提出的培训计划，提交人力资源部
4. 绩效考评
（1）提出直接下级的绩效考评原则，提交总经理确认
（2）根据总经理确认的绩效考评原则，与人力资源部经理商讨并确定绩效考评方法
（3）对直接下级进行考评，并进行考评沟通，将考评结果提交人力资源部
5. 工作沟通
（1）汇总工作报告，并与总经理进行信息沟通，同时将信息传递给直接下级
（2）将公司的政策、原则、策略等信息，快速、清晰、准确地传达给直接下级
（3）确定书面的交互式的工作通报制度，与直接下属进行沟通
6. 激励
（1）提出下级部门和直接下级的激励原则，提交总经理确认
（2）根据总经理确认的激励原则，与人力资源部经理商讨并确定激励方法
7. 经费审核与控制
（1）依据财务制度审批下级部门的各项花费，确认费用支出的合理性
（2）监督并控制下级部门的费用支出，向总经理进行费用月报
8. 工作报告
定期将自己的各项工作及下级部门工作以书面的形式向总经理汇报
9. 表现领导能力
（1）指导、鼓励、鞭策下级，激发下级努力工作
（2）有办法提升下级的工作效果和工作效率
（3）能为下级描绘公司的战略意图和远大前景</td></tr>
</table>

表4-38　生产总监职务描述

职务名称	生产总监
直接上级	总经理
直接下级	生产部经理
本职工作	负责全面生产和生产设备管理
业务职责	（1）参与制定公司年度总预算和季度生产预算调整 （2）按工作程序做好与技术、营销、财务系统的横向联系，并及时对系统间争议提出界定要求 （3）组织实施并监督、检查生产过程中质量体系的运行 （4）主管并监督检查公司安全文明生产、生产环保工作 （5）审阅生产系统及与其相关的文件，在权限范围内签发文件 （6）组织新技术、新工艺、新设备的应用推广 （7）指导、监督、检查所属下级的各项工作，掌握工作情况和有关数据 （8）综合平衡年度生产任务，制订下达月度生产计划，做到均衡生产 （9）负责重要生产设备的申购 （10）指定专人负责生产系统文件、表单等资料的保管和定期归档工作 （11）根据工作需要进行总体指挥、现场指挥 （12）代表公司与政府对口部门和有关社会团体、机构联络

续表

<table>
<tr><td>管理职责</td><td>1. 组织建设
（1）参与讨论公司部门级以上组织架构
（2）确定下级部门的组织架构
（3）当发现下级部门的岗位设置或岗位分工不合理时，要及时做出调整，并通知人力资源部
2. 招聘及任免
（1）用人需求
① 提出直接下级岗位的用人需求，并编写该岗位的岗位职责和任职资格，提交总经理确认
② 确认直接下级提交的用人需求、岗位职责和任职资格，提交总经理确认
（2）面试
① 进行直接下级的岗位初试
② 进行直接下级的直接下级的岗位复试，做出最后确定
③ 组织参与面试的人员
（3）不合格员工处理
① 提出对不合格直接下级的处理建议，提交总经理确认
② 确认直接下级提出的对不合格员工的处理建议，提交人力资源部
3. 培训
（1）提出对直接下级的培训计划，提交总经理确认
（2）确认直接下级提出的培训计划，提交人力资源部
4. 绩效考评
（1）提出直接下级的绩效考评原则，提交总经理确认
（2）根据总经理确认的绩效考评原则，与人力资源部经理商讨并确定绩效考评方法
（3）对直接下级进行考评，并进行考评沟通，将考评结果提交人力资源部
5. 工作沟通
（1）汇总工作报告，并与总经理进行信息沟通，同时将信息传递给直接下级
（2）将公司的政策、原则、策略等信息，快速、清晰、准确地传达给直接下级
（3）确定书面的交互式的工作通报制度，与直接下属进行沟通
6. 激励
（1）提出下级部门和直接下级的激励原则，提交总经理确认
（2）根据总经理确认的激励原则，与人力资源部经理商讨并确定激励方法
7. 经费审核与控制
（1）依据财务制度审批下级部门的各项花费，确认费用支出的合理性
（2）监督并控制下级部门的费用支出，向总经理进行费用月报
8. 工作报告
定期将自己的各项工作及下级部门工作以书面的形式向总经理汇报
9. 表现领导能力
（1）指导、鼓励、鞭策下级，激发下级努力工作
（2）有办法提升下级的工作效果和工作效率
（3）能为下级描绘公司的战略意图和远大前景</td></tr>
</table>

表4-39　技术总监职务描述

职务名称	技术总监
直接上级	总经理
直接下级	技术部经理、质量管理部经理
本职工作	负责公司产品开发及质量管理
业务职责	（1）制定并组织实施技术系统工作目标和工作计划 （2）制定并组织实施技术系统规章制度和实施细则 （3）组织不合格产品的审理工作 （4）组织技术、产品的开发与创新 （5）组织建立并实施质量管理体系 （6）负责公司标准化、计量管理工作 （7）定期进行技术分析和质量分析工作，制定预防和纠正措施 （8）负责重要技术工艺设备、计量器具的申购 （9）负责技术系统文件等资料的整理、保管及公司档案管理工作 （10）负责公司保密工作

续表

<table>
<tr><td>管理职责</td><td>1. 组织建设
（1）参与讨论公司部门级以上组织架构
（2）确定下级部门的组织架构
（3）当发现下级部门的岗位设置或岗位分工不合理时，要及时做出调整，并通知人力资源部
2. 招聘及任免
（1）用人需求
① 提出直接下级岗位的用人需求，并编写该岗位的岗位职责和任职资格，提交总经理确认
② 确认直接下级提交的用人需求、岗位职责和任职资格，提交总经理确认
（2）面试
① 进行直接下级的岗位初试
② 进行直接下级的直接下级的岗位复试，做出最后确定
③ 组织参与面试的人员
（3）不合格员工处理
① 提出对不合格直接下级的处理建议，提交总经理确认
② 确认直接下级提出的对不合格员工的处理建议，提交人力资源部
3. 培训
（1）提出对直接下级的培训计划，提交总经理确认
（2）确认直接下级提出的培训计划，提交人力资源部
4. 绩效考评
（1）提出直接下级的绩效考评原则，提交总经理确认
（2）根据总经理确认的绩效考评原则，与人力资源部经理商讨并确定绩效考评方法
（3）对直接下级进行考评，并进行考评沟通，将考评结果提交人力资源部
5. 工作沟通
（1）汇总工作报告，并与总经理进行信息沟通，同时将信息传递给直接下级
（2）将公司的政策、原则、策略等信息，快速、清晰、准确地传达给直接下级
（3）确定书面的交互式的工作通报制度，与直接下属进行沟通
6. 激励
（1）提出下级部门和直接下级的激励原则，提交总经理确认
（2）根据总经理确认的激励原则，与人力资源部经理商讨并确定激励方法
7. 经费审核与控制
（1）依据财务制度审批下级部门的各项花费，确认费用支出的合理性
（2）监督并控制下级部门的费用支出，向总经理进行费用月报
8. 工作报告
定期将自己的各项工作及下级部门工作以书面的形式向总经理汇报
9. 表现领导能力
（1）指导、鼓励、鞭策下级，激发下级努力工作
（2）有办法提升下级的工作效果和工作效率
（3）能为下级描绘公司的战略意图和远大前景</td></tr>
</table>

表4–40　人力资源总监职务描述

职务名称	人力资源总监
直接上级	总经理
直接下级	人力资源部经理、培训部经理
本职工作	负责公司人力资源的管理，为公司提供和培养合格的人才
业务职责	（1）根据公司实际情况和发展规划，拟订公司人力资源计划，经批准后组织实施 （2）组织制定公司用工制度、人事管理制度、劳动工资制度、人事档案管理制度、员工手册、培训大纲等规章制度、实施细则和人力资源部工作程序，经批准后组织实施 （3）组织办理员工绩效考核工作，并负责审查各项考核、培训结果；审批经人事部核准的过失单和奖励单，并安排执行 （4）负责在公司内外收集有潜力的和所需的人才信息，并组织招聘工作 （5）受理员工投诉和员工与公司劳动争议事宜，并负责及时解决 （6）了解人力资源部工作情况和相关数据，收集分析公司人事、劳资信息 （7）审批公司员工薪酬表，报总经理核准后转会计部执行 （8）制订人力资源部专业培训计划，并协助培训部实施、考核 （9）加强与公司外同行之间的联系 （10）代表公司与政府对口部门和有关社会团体、机构联络

续表

<table>
<tr><td>管理职责</td><td>1. 组织建设
（1）参与讨论公司部门级以上组织架构
（2）确定下级部门的组织架构
（3）当发现下级部门的岗位设置或岗位分工不合理时，要及时做出调整，并通知人力资源部
2. 招聘及任免
（1）用人需求
① 提出直接下级岗位的用人需求，并编写该岗位的岗位职责和任职资格，提交总经理确认
② 确认直接下级提交的用人需求、岗位职责和任职资格，提交总经理确认
（2）面试
① 进行直接下级的岗位初试
② 进行直接下级的直接下级的岗位复试，做出最后确定
③ 组织参与面试的人员
（3）不合格员工处理
① 提出对不合格直接下级的处理建议，提交总经理确认
② 确认直接下级提出的对不合格员工的处理建议，提交人力资源部
3. 培训
（1）提出对直接下级的培训计划，提交总经理确认
（2）确认直接下级提出的培训计划，提交人力资源部
4. 绩效考评
（1）提出直接下级的绩效考评原则，提交总经理确认
（2）根据总经理确认的绩效考评原则，与人力资源部经理商讨并确定绩效考评方法
（3）对直接下级进行考评，并进行考评沟通，将考评结果提交人力资源部
5. 工作沟通
（1）汇总工作报告，并与总经理进行信息沟通，同时将信息传递给直接下级
（2）将公司的政策、原则、策略等信息，快速、清晰、准确地传达给直接下级
（3）确定书面的交互式的工作通报制度，与直接下属进行沟通
6. 激励
（1）提出下级部门和直接下级的激励原则，提交总经理确认
（2）根据总经理确认的激励原则，与人力资源部经理商讨并确定激励方法
7. 经费审核与控制
（1）依据财务制度审批下级部门的各项花费，确认费用支出的合理性
（2）监督并控制下级部门的费用支出，向总经理进行费用月报
8. 工作报告
定期将自己的各项工作及下级部门工作以书面的形式向总经理汇报
9. 表现领导能力
（1）指导、鼓励、鞭策下级，激发下级努力工作
（2）有办法提升下级的工作效果和工作效率
（3）能为下级描绘公司的战略意图和远大前景</td></tr>
</table>

第三节　如何构建科学的知识管理系统，打造强大的中层管理团队

企业管理中，越是关键的岗位，对人的要求越高。根据我多年的管理经验，给大家分享两条建议。

一、性格缺失者不能重用

比如在《三国演义》中，如果刘备不让关羽守荆州的话，三国的历史估计就要改写了。因为关羽太过刚强而又不懂收敛使得他最终走向灭亡。吕布在濮阳与曹操对战时，谋臣陈宫屡次劝谏吕布不要轻敌，小心有埋伏，然而吕布自视甚高，说“吾怕谁来”，结果不听谏言，屡中埋伏。

在现实生活中，很多能力强的人也像吕布一样，喜欢单打独斗。这些人往往过于看重“事”，而忽略了人的重要性，结果“事”是漂亮地完成了，但和同事、领导、合作伙伴的关系搞得一团糟。

古往今来，喜欢单打独斗的人大部分成了炮灰，而得人心者，往往能成大事。优秀的领导者会管理员工、激励员工，让他们更加积极地投入工作中。领导者必须对公司的发展负责，对公司的组织和产品负责，更要对员工和客户负责。要想成为出色的领导，就要更加懂得抓住重点，思考全局，放眼未来。

二、关键能力缺失者不能重用

公司一般有两类不合格的管理者。一类是自身过硬，但不会打铁的人。他们的优点是大公无私，兢兢业业，废寝忘食，礼贤下士，缺

点是不善于沟通协调，不能树立威信，不能知人善用，关键时刻举棋不定，没有战略眼光。

古人常说：小人干坏事，干的是小坏事；君子干坏事，干的是大坏事。因为君子的境界高，影响力大，如果真的犯了错误，会把一群人带入万丈深渊。所以，领导者不仅要有自我修养，还要会选人、用人、带团队。

另一类不合格的管理者是善于打铁，但自身不硬的人。他们的优点是人际交往能力很强，善于沟通协调、组织管理，具有战略眼光，但面对利益的诱惑时，自控能力差，没有原则性。

性格缺失者和关键能力缺失者都不是优秀领导者的人选，我们要找的是既善于打铁，又自身过硬的人才，这是管理者的基本功。假设我们要招聘一位营销总监，需要他具备十八般武艺，其中差了一项都是不行的。

我们可以根据态度和能力把员工分为四类（图4–3）。

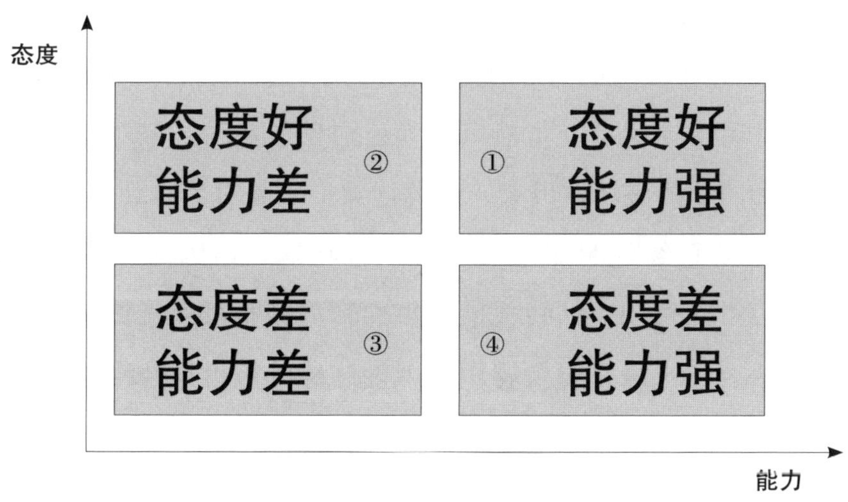

图4–3 态度与能力管理方格

第一类：态度好（价值观和公司一致），能力强。

这类员工既有德又有才，是公司可以破格重用的人。

第二类：态度好（价值观和公司一致），能力差。

这类员工有德无才，需要培养后使用。因为这类员工的态度好，愿意学习，是公司的储备力量，所以公司需要给予他们学习成长的机会，加强培训。

第三类：态度差（价值观和公司不一致），能力差。

这类员工无德无才，坚决不用。总经理对员工最大的负责就是严格要求，提升他们的能力，通过建立一套“弱肉强食”的机制，让员工优胜劣汰。总经理不能保证给员工一个铁饭碗，但是可以帮助员工获得自力更生的能力，即使这家公司倒闭了，在市场上依然可以找到一份满意的工作。如果一个员工能力差，态度又不端正，完全不想提升自己，这样的人坚决不能用。

第四类：态度差（价值观和公司不一致），能力强。

这类员工有才无德，需要限制使用。因为这类员工虽然能力出众，但是不遵守公司的各项规章制度，缺乏团队精神，破坏团队士气。这样的利己主义者，虽然可以为公司创造业绩，但对公司内部的文化建设和团队的破坏性极大，远离这类员工是对公司最大的保护。

就像很多总经理明知道某个员工有问题，但因为舍不得那点儿业绩，所以继续留用。但我凭借多年的管理经验可以负责任地告诉大家，有才无德的人最好不要聘用，因为这样的人迟早会出问题，会给公司带来巨大的损害。如果总经理实在想留用这类员工，就要承担相应的风险，一旦出现问题，也不要喊冤。

三、加强企业中层管理人员建设

我们通过对态度和能力的分析，知道了员工的四个基本分类。对公司来说，最重要的是中层管理者。总经理需要选择哪一类人？答案是既有德又有才，越是管理岗位上的人，要求越高。

对中层干部要狠，对基层员工要好！因为员工对公司的影响力有限，再坏也坏不到哪里去，而坏的员工都是因为中层干部的不作为造就的，正所谓“兵熊熊一个，将熊熊一窝”。

我发现很多中小企业总经理最痛苦的就是没有中层管理者。没有中层管理者企业就会上下不通，无法承上启下，所以我们需要花一点儿心思来打造中层管理者。

优秀的中层管理人员需要具备以下四项能力。

1. 榜样的能力

管理者的言谈举止必须能影响他人，成为团队的正向榜样，引导大家积极向上。

2. 说的能力

一个优秀的管理者一定是一个优秀的培训师。很多总经理喜欢外聘企业培训师，其实最适合企业的反而是内部的优秀管理者。因为外聘培训师讲的大多是企业框架，到底适不适合本公司只有实践后才知道。但企业内部的优秀管理者如果作为培训师，讲的内容肯定是基于企业的实际情况，讲完后员工马上就可以活学活用的，何乐而不为？

企业内部培训师的选拔标准如下：

第一，谁做得最好，谁就担任培训师。总经理花8000元聘请外部培训师不一定有效果，但如果给内部员工8000元作为讲课费，我相信员工会不眠不休地备课。此外，内部培训师还有一个好处，就是费用不用给这么高，可以把内部培训师这个职务设计成一种荣誉，让员工得到精神层面的满足，从而更加努力地工作。

第二，学习大企业的模式，如果员工想要晋升，必须有一门擅长的课程。也就是根据自己岗位工作中的方法和技巧，总结出一套自己的内容体系。有了课程，员工可以在行政部门进行报备，开班授课。行政部组织招生，收集培训后的课程评价，并把课程视频存档。如果课程获得高分，就会被纳入新员工的培训体系中，成为内部知识管理体系的一部分。

3. 写的能力

很多人会说但是不会写，然而，管理完善的公司都会要求员工定期提交工作总结，把完成的事项以文字的形式表达出来。工作总结不是按照个人的喜好随便写写的，而是有明确的要求。工作总结需要清楚工作的具体步骤和关键节点，当其他员工按照工作总结完成工作时，也可以获得同样的结果。

4. 传承的能力

记住一个原则：先做榜样，再做管理。

能做榜样的人，可以当主管！

能做榜样，又能说的人，可以当部门经理！

能做榜样，又能说，又能写的人，可以当总监！

能做榜样，又能说，又能写，又能传承的人，才能当总经理！

大家可以根据以上标准，对标一下自己，看看作为公司的总经理，自己是否合格。

很多总经理之所以能赚钱，主要是因为运气好，但是，靠运气赚到的钱，迟早有一天会因为实力达不到而亏掉。因此，对于中小企业总经理而言，学习是第一要务，只有不断地学习，提升自己的能力，把基本功打扎实了，才能把企业做大做强。

第五章　总经理必须知道如何复制人才

第一节　如何打造人才复制系统，让企业的人才越来越多

大家思考一个问题：中小企业的员工创业成功率高，还是世界500强企业的员工创业成功率高？超过80%的人会认为成功属于世界500强企业的员工，但事实恰恰相反，中小企业员工创业的成功率更高。

创业成功的中小企业员工均具有一些典型的特点，他们曾经都是总经理最信任的左膀右臂，创办的新公司从事的也都是与老东家相同的行业，甚至客户都是曾经服务过的老客户。

听起来是不是很讽刺？为什么总经理最信任的员工反而最容易背叛自己？问题其实就出在总经理的身上。中小企业总经理经营企业，都会习惯性地把重要的工作交给最信任的得力助手去办，这样的员工不仅工作能力超强，还掌握了公司很多重要的资源，如果他成立一家新公司，赚的钱是现在的十倍甚至几十倍，结果可想而知。最优秀的员工离职，公司里又没有储备人才可以接手，工作断层，客户自然也就流失了。

反观世界500强企业的员工，他们很少出来自己创业，即便创业，从事的也是截然不同的行业。为什么？中小企业和世界500强企业

到底有何不同？区别在于世界500强企业对岗位进行了细致的分工，把本来一个员工可以完成的工作，分配给三个员工，并要求这三个员工做到极致，最终再把这三个员工的工作组合在一起，实现目标。

世界500强企业通过明确的分工，降低企业对人才的依赖，这样就不会被员工绑架。同时，细致的分工也会降低公司培养人才的难度，员工只需要在某一领域专精即可。世界500强企业拥有完善的人才培训系统，在员工离职后，立刻会有合适的人补位，基本不会出现工作的断层。

公司所需的人才如何挑选和培养呢？

我给大家分享一套人才培训系统，帮助公司摆脱对人才的依赖，创造出“铁打的营盘，流水的兵”的局面。

1. 告诉员工该做什么

让每一个员工都知道自己的岗位职责，明白自己所要做的事情，明确自己的岗位分工和部门归属，才能让员工围着事情转。

2. 告诉员工好的标准

做任何事情都要有标准，早期沃尔玛要求员工微笑服务，结果有的员工笑起来比哭还难看，那是因为每个人对微笑的标准不一样。后来沃尔玛统一了微笑的标准，要求员工微笑时必须露出8颗牙齿。

如果没有标准，员工就永远给不了总经理想要的，即使做了，可能也是好心办坏事，所以必须让每一个员工都知道好的标准是什么。

就像我在课堂上让助理帮我倒一杯水，我心里想要的其实是一杯40℃左右的水，但我只说了要一杯水。助理第一次给我倒了一杯冰的矿泉水，不对；第二次给我倒了一杯滚烫的开水，也不对；第三次给我倒了一杯阴阳水，也就是凉水里加入沸水，还是不对。几次下来，作为总经理，我会觉得助理没有悟性，助理则会觉得总经理真难伺候。

为什么助理倒了三次水，都没有给到我想要的结果？是什么原因导致助理一直犯错？其实是我最初让他倒水的时候，没有交代清楚我需要一杯什么样的水，我的标准是什么。助理听到我要一杯水，会自然而然地按照自己的标准和习惯去完成，而不是按照我的标准去完成，结果就是一错再错。

如果我一开始就对助理说："我在讲课的时候，嗓子比较敏感，只能喝40℃左右的水。因为水太凉我会失声，水太烫我当下喝不了，阴阳水对肠胃又不好，所以助理需要先把水烧开，等水温降到40℃左右，倒在保温杯里拿给我，这样我随时可以喝。"

很多时候，员工做不好事情，不是他不愿意做，也不是他不想做，而是他不知道要把事情做到什么标准才算合格。

所以员工执行力差，本质是公司管理系统的问题，在这里我不再赘述，大家有兴趣可以报名参加"系统思维"课程，全方位打造公司体系，提高管理效率。

扫码报名"系统思维"课程

3. 训练员工做好本职工作

管理工作中教育和训练的重要性不容忽视。好的企业不依赖员工的聪明才智，而是运用强大的教育培训体系，培养出优秀的员工。公司最大的成本就是没有经过培训的员工。记住一句话：培训员工会花很多钱，但不培训员工会花更多的钱。

培训员工的四个步骤：

（1）说给他听。

（2）做给他看。

（3）共同做一遍。

（4）你做我看。

例如，很多人都考过驾照，大家回忆一下驾校是怎么一步步培训驾驶员的。第一步，上交规课，传授基础知识，说给他听；第二步，上车实训，教练分解开车的动作，进行演示，做给他看；第三步，学员在教练的陪伴下，使用教练车进行实践操作，共同做一遍；第四步，上车考试，你做我看。

4. 让员工实践

培训是要投入成本的，只有学会放手才能获得人手，优秀的企业都有一套属于自己的培训系统。培训的方式一般有两种：一种是让老员工培训新员工，实现知识和经验的传承；另一种是带领团队外出学习，收获新的知识和技能。

5. 反复教学，直到员工可以独立完成工作

员工做不好工作主要有两个原因：一是态度不好；二是技能太差。态度不好就需要反复沟通，从而改变他的思想；技能太差就要反复训练，直至提升技能。

当员工可以独立完成工作时，训练即可停止。独立完成的标准是可以百分之百完成工作，并做得和老员工一样好，这时，人才复制工作已经完成。

6. 上级/老员工可以去做更重要的工作

当上级/老员工培养出接班人后，通常会晋升到更高的职位，承担更重要的工作。大型企业在人员晋升方面都有严格的要求，晋升者必须在两年内培养出接班人，才能获得晋升的机会。

晋升规则中的一个重要指标是每晋升一级，能力需要提升5～7项。这样做的目的是打造学习型组织，确保公司管理层都是公司所需的优秀人才。只有晋升的员工能力越来越强，总经理才会越做越轻松。

7. 让员工也会复制人才

这一步是最重要的。如果老员工把能力复制给新员工，新员工无法进行再复制，那么知识和经验就无法持续传承，人才体系也就不健全。因此，新员工也要在两年内再培养出新员工，这样他才能晋升。这就是公司可持续自动化运转的人才系统，也就是所谓的“铁打的营盘，流水的兵”。

第二节　如何打造科学的管理系统，摆脱企业对人才的依赖

一线员工缺乏业务流程，会加大输出产品和服务的不稳定性；中层管理者缺乏人员管理流程，既不能影响下属，也不能影响上级，更不能打通上下游；高层管理者缺乏系统流程，就会过度依赖人才，把企业推向危险的境地。

大部分企业会通过“人员下潜”解决以上问题，直白点儿说就是

基层不到位，中层去扑火；中层不到位，高层去扑火；高层不到位，总经理就发火。

要解决企业的根本问题，第一步就是理顺工作流程。流程管理的关键是确定目标和战略，再以书面化的形式呈现出来，确定责任人并完成定期评估。在此基础上，可以设定一系列的指标，确保流程按既定方式运作，并与绩效考核挂钩。这样就可以形成一个“从流程到绩效，再从绩效反馈到流程”的闭环管理圈。

在企业中，不同的部门、不同的客户、不同的人员和不同的供应商都是靠流程来进行协同合作的。流程在运作中会产生相应的信息，如产品数据、财务数据、项目数据、人员信息、客户信息等，如果这些信息流转不畅，就会导致企业运作不畅。

企业流程按照功能可以分为业务流程和管理流程。

业务流程是面向客户的，为最终客户不断“增值”的流程，如第1章中所讲的业务价值链。

管理流程是为了控制风险、降低成本、提高服务质量、提高工作效率、加快市场反应速度，最终提升客户满意度和企业市场竞争力，达到利润最大化的流程。

企业的一切流程都应以实现企业目标为根本，尤其是管理流程。对外，面向客户，提高业务流程的效率。对内，面向企业目标，提高管理流程的效率，平衡企业各方资源，控制总体平衡。企业运行必须让流程说话，因为流程是企业的核心竞争力。

接下来分享“大脑营行”的部分管理流程，供大家参考（图5–1至图5–10）。

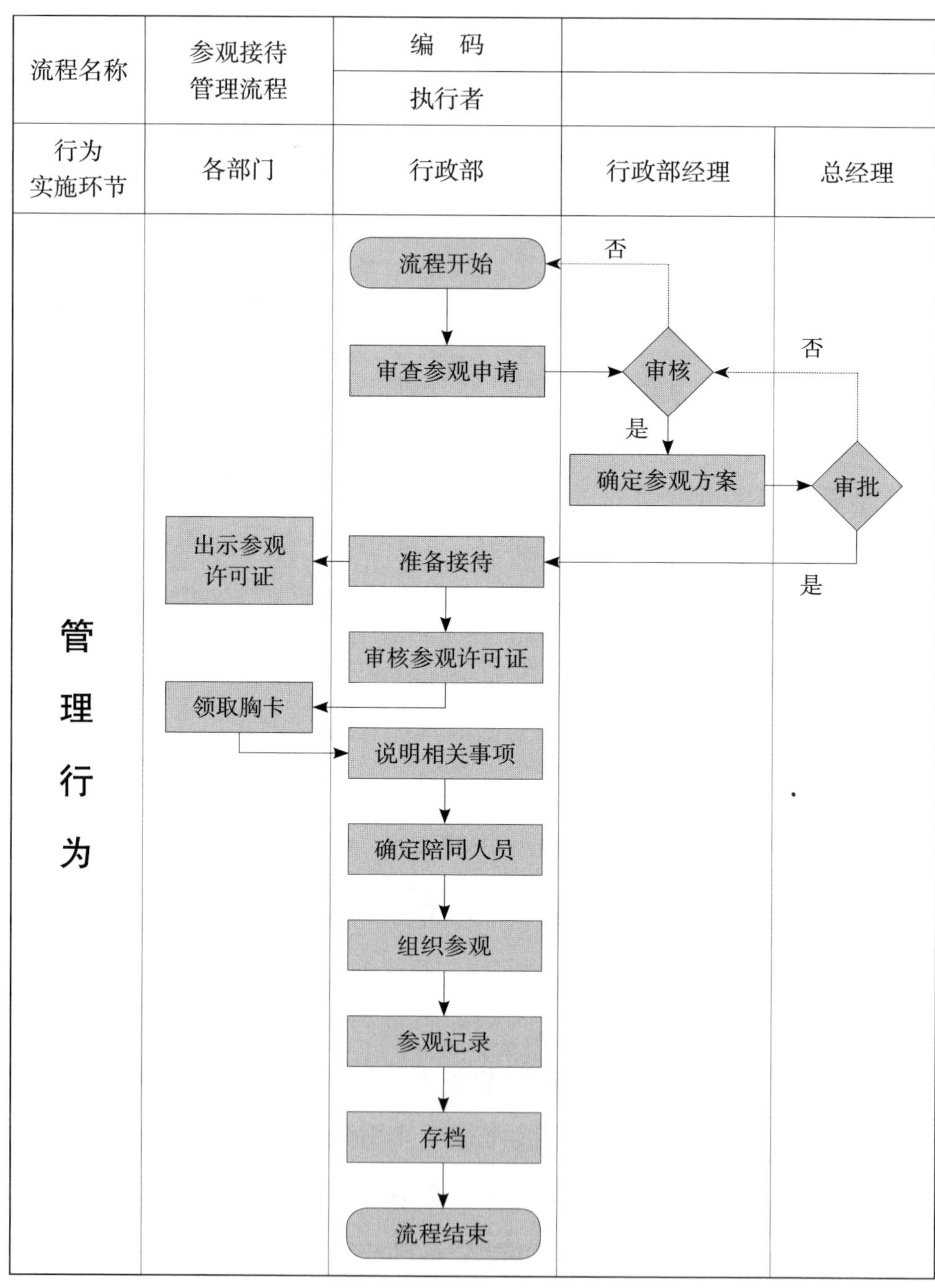

图5-1 参观接待管理流程

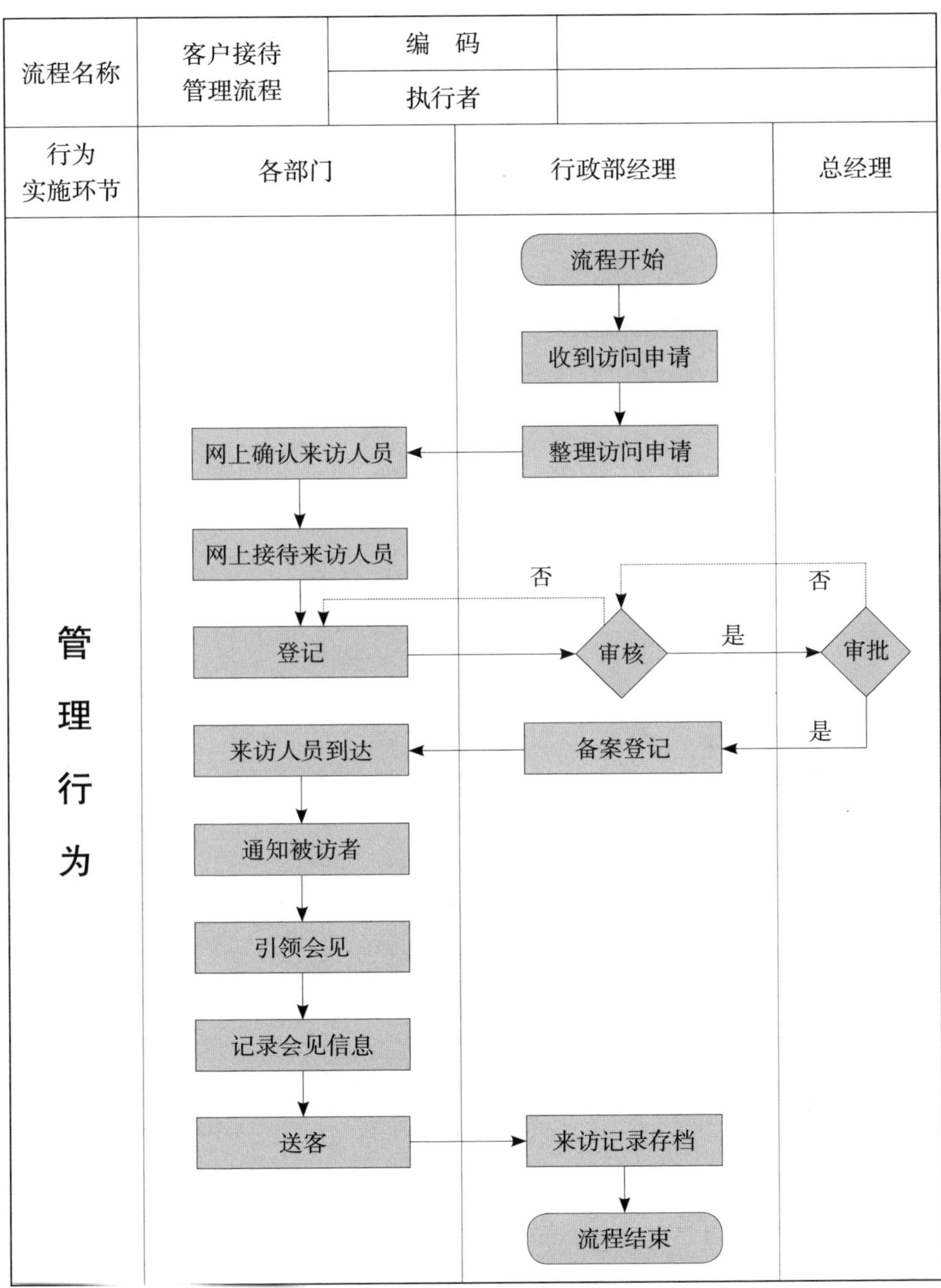

图5-2　客户接待管理流程

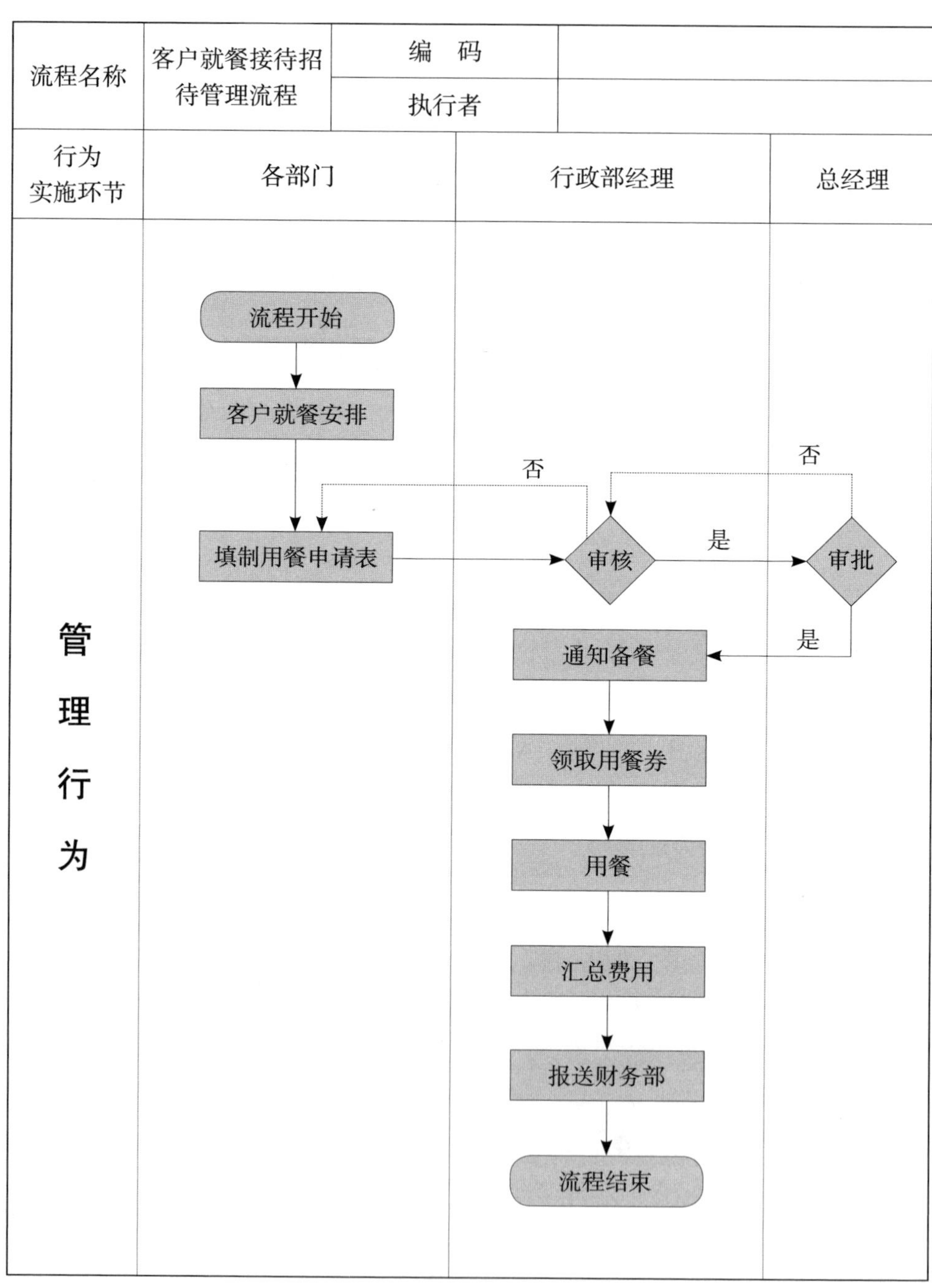

图5-3 客户就餐接待招待管理流程

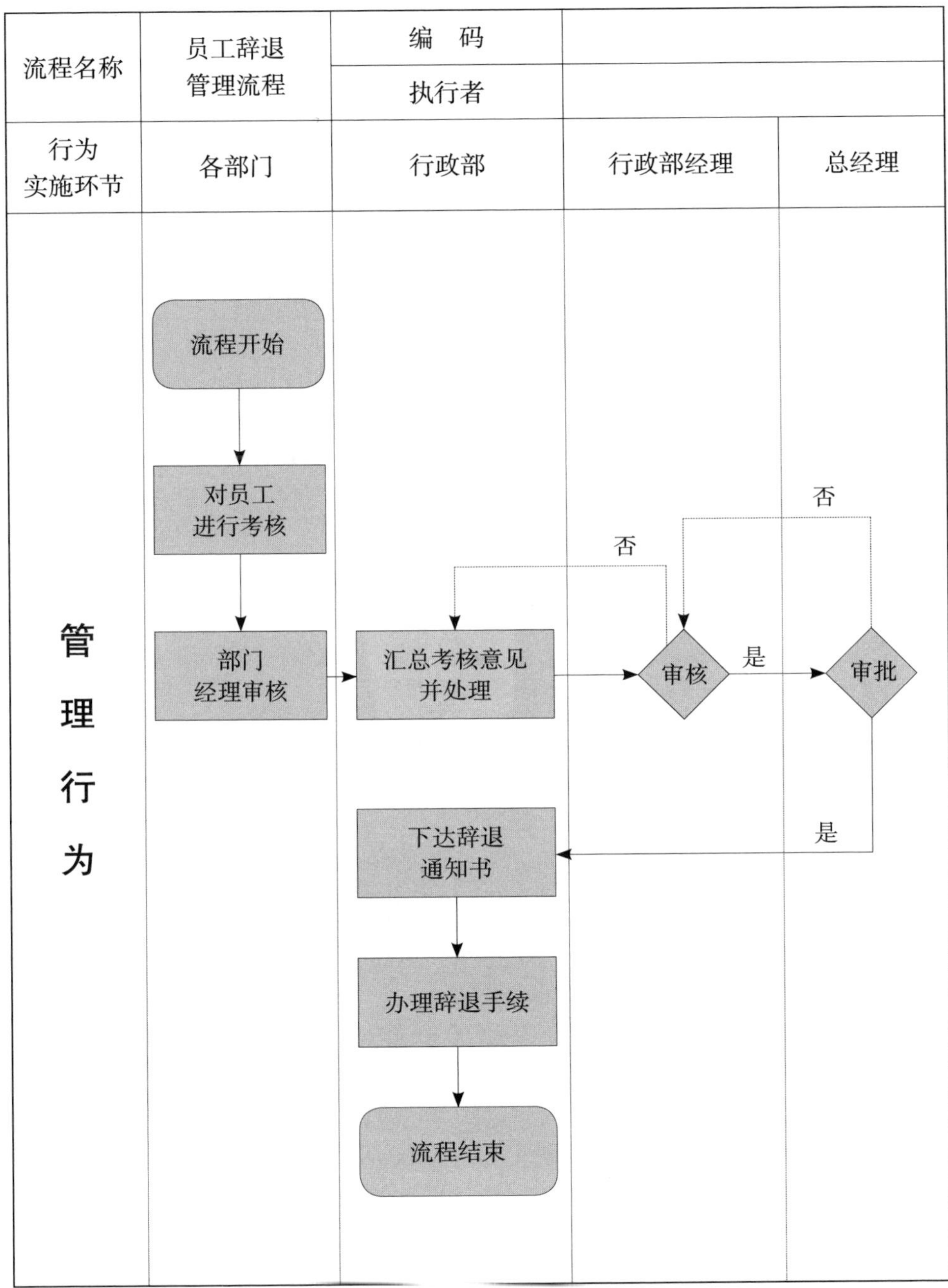

图5-4　员工辞退管理流程

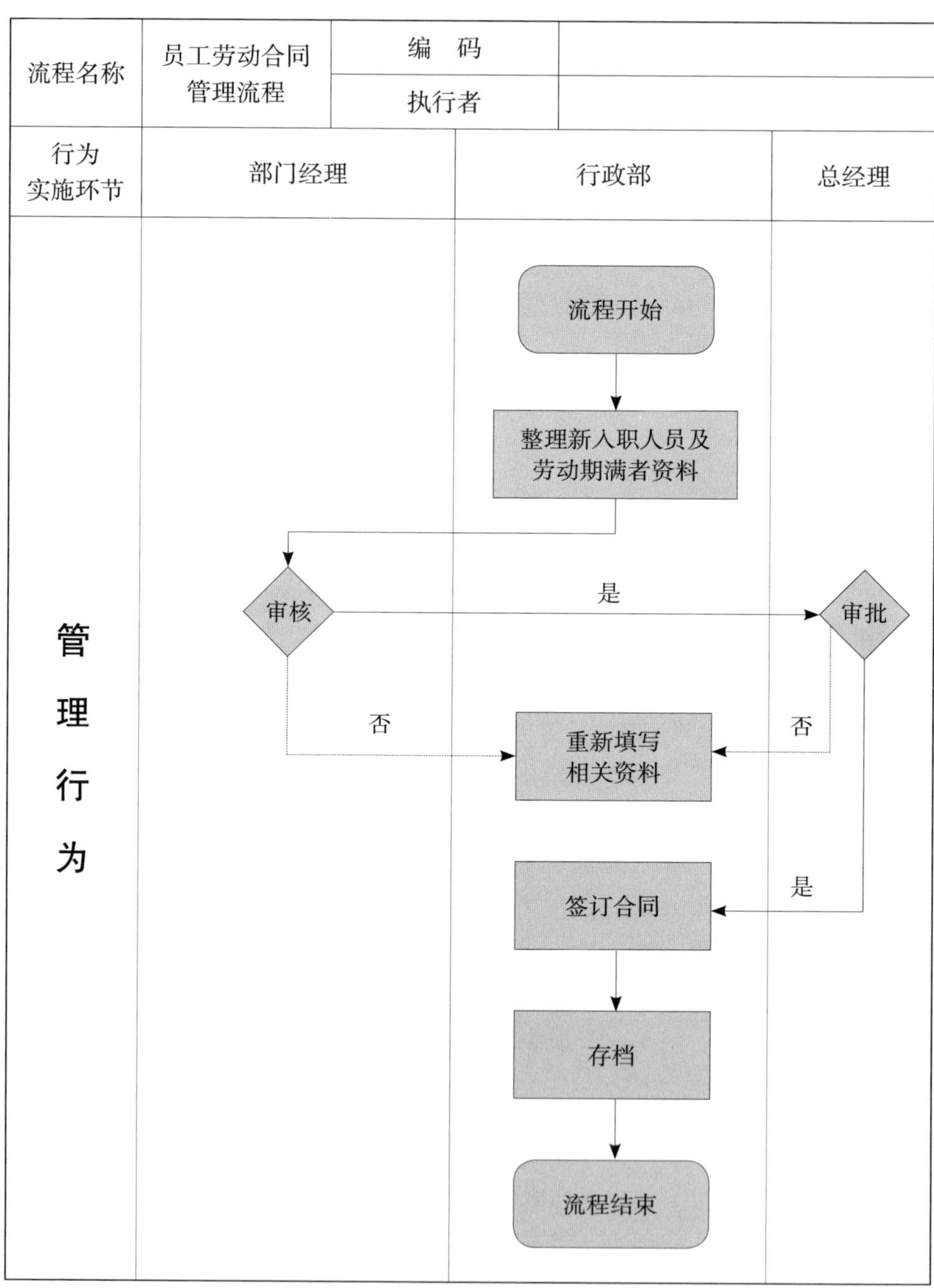

图5-5 员工劳动合同管理流程

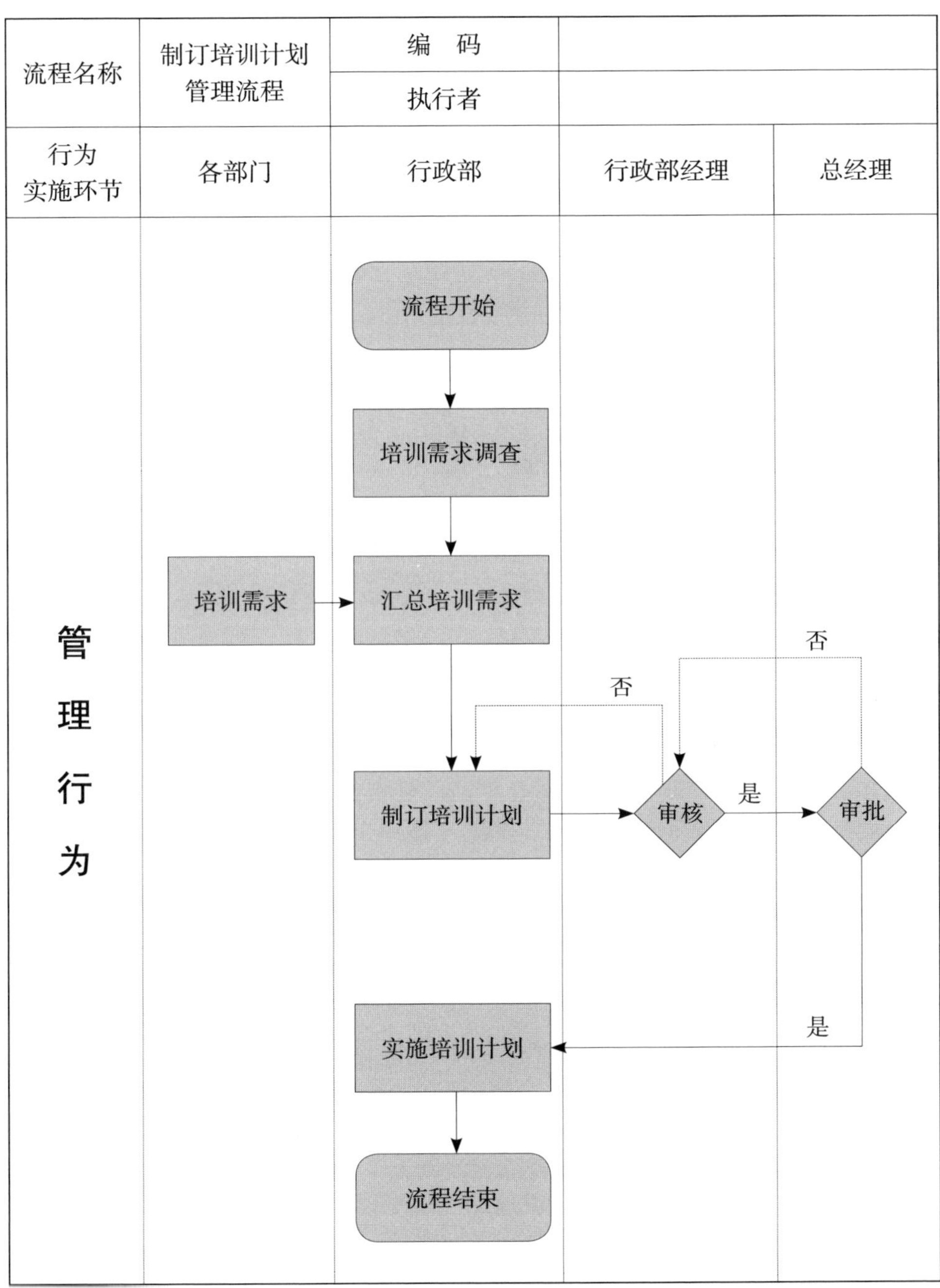

图5-6　制订培训计划管理流程

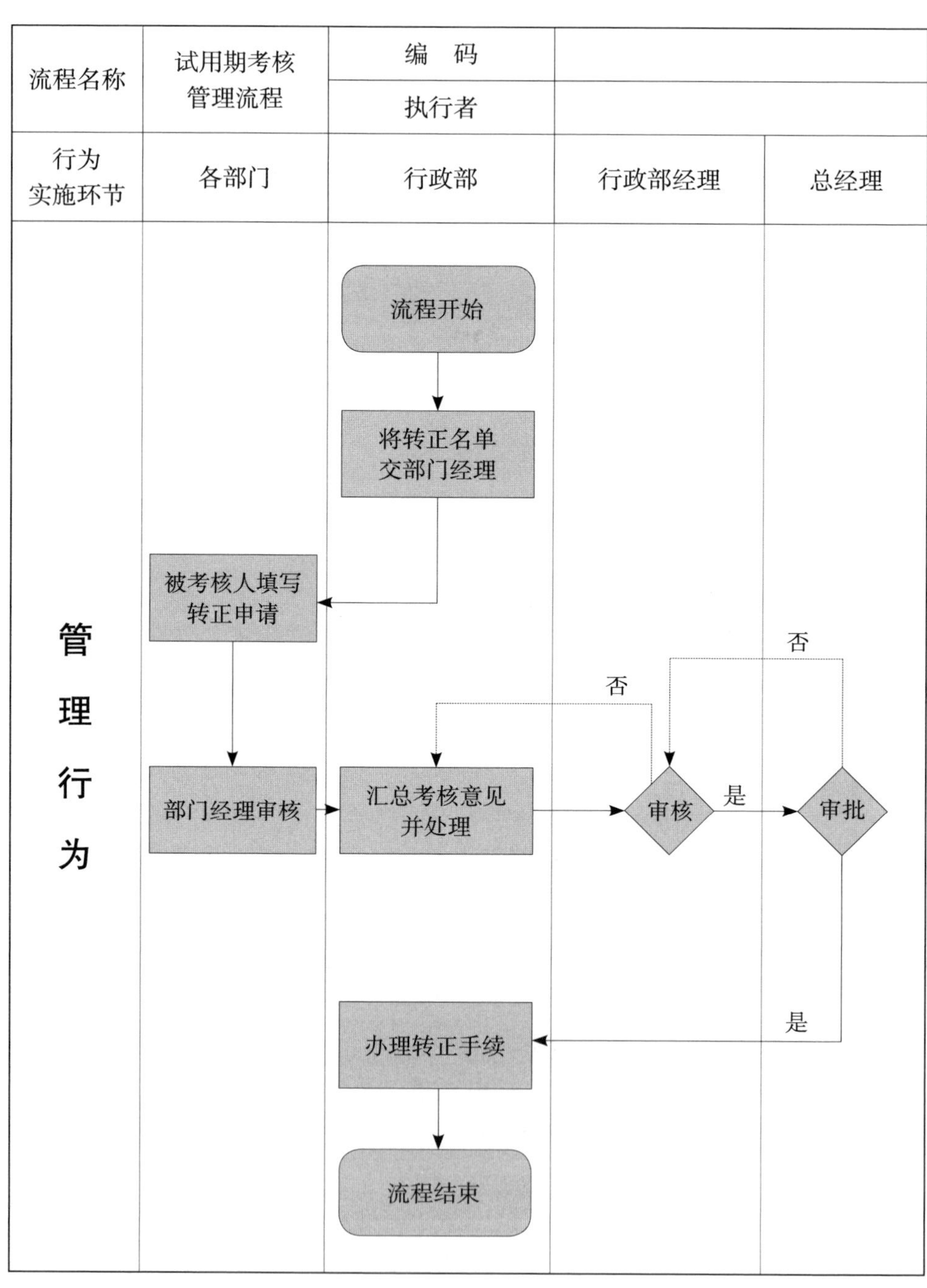

图5–7 试用期考核管理流程

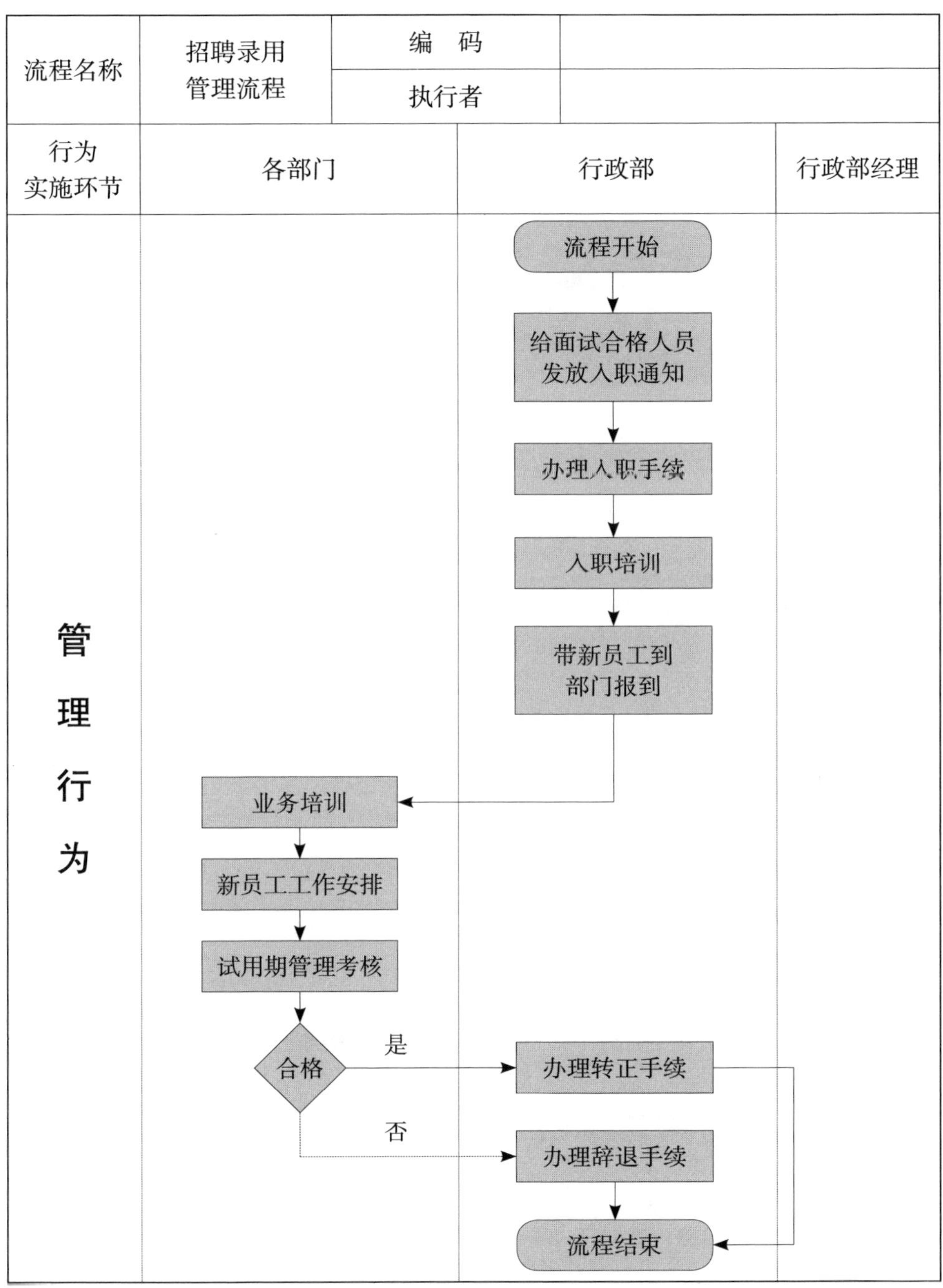

图5-8 招聘录用管理流程

流程名称
招聘管理流程
编　码
执行者
行为实施环节
行政部
行政部经理
总经理
管理行为
流程开始
制订招聘计划
审核
否
是
审批
否
是
根据计划发布招聘
对简历进行筛选
审批
否
是
通知面试
部门经理进行面试
初试
复试
背景调查
审批
否
是
办理入职试用
流程结束

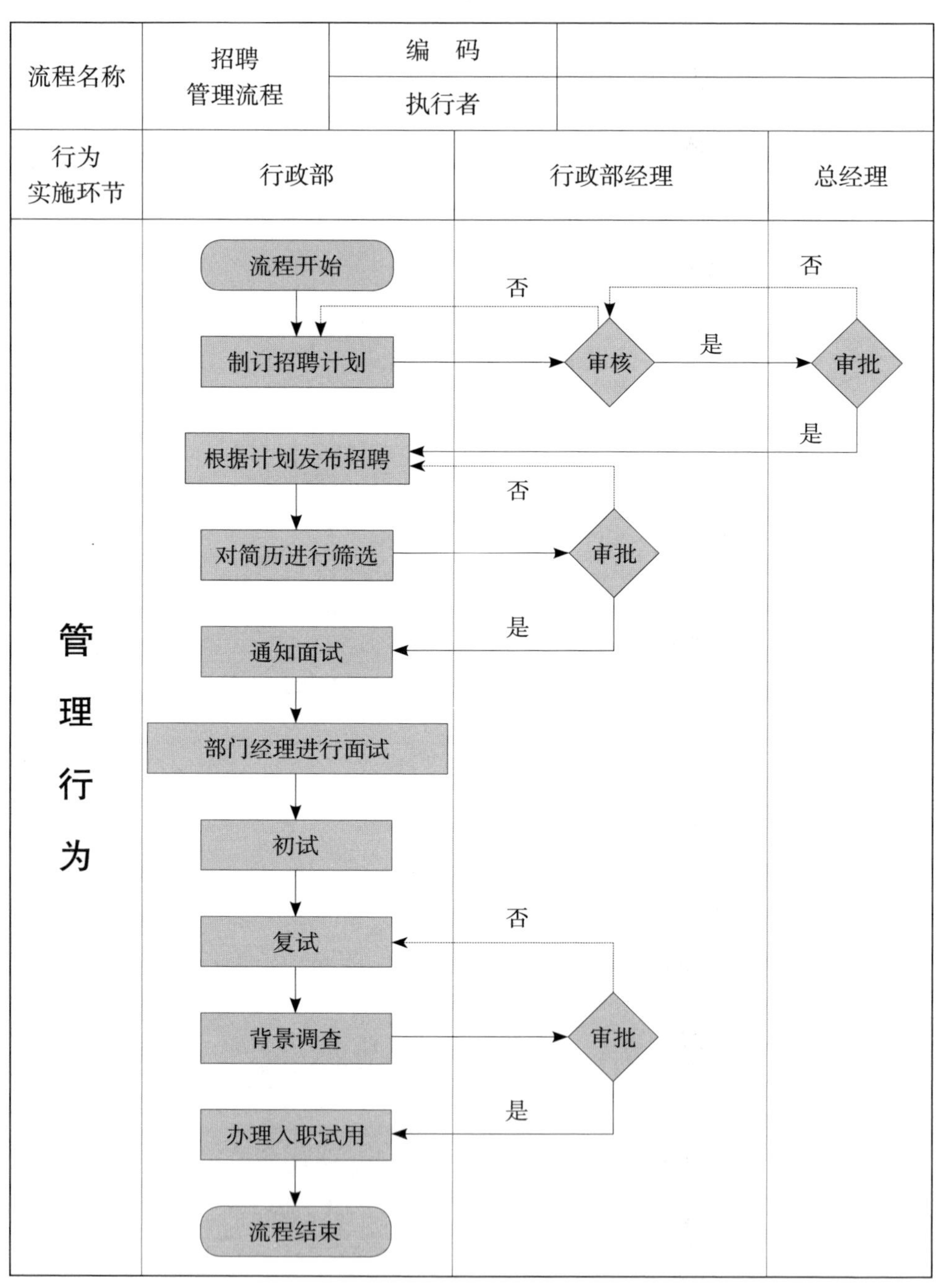

图5-9　招聘管理流程

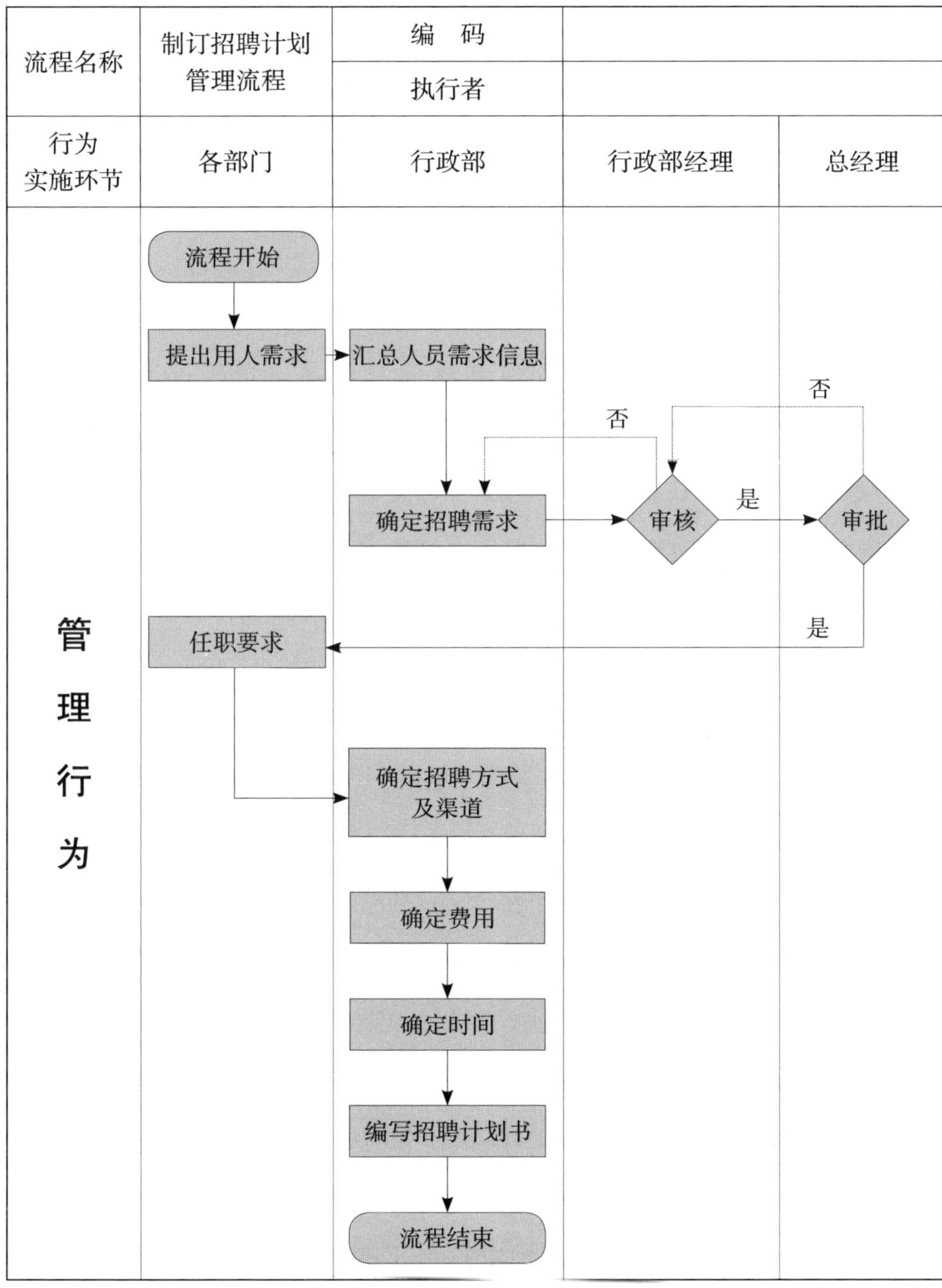

图5-10　制订招聘计划管理流程

企业中的一切工作都应该有流程，希望以上的工作流程图可以给大家一些启发，结合各自企业的实际情况，梳理出专属的工作流程。

设计好工作流程之后，并不是一劳永逸了，而是要在实际工作中不断优化和完善，配合企业的发展目标持续提高工作效率。

我们来看看大公司是如何完成流程优化的。

【案例分享】

携程公司经常会接到关于机票或酒店订单出错的投诉，它是如何优化这个流程的呢？首先，把错误率低或者零错误率的员工组织起来，成立项目组，让每个人都说出自己处理订单的工作流程以及工作上零失误的技巧，进行书面记录。这样做的目的是寻找规律，总结规律，形成一套方法论。其次，选定某一部门测试方法论的效果，如果投诉率降低，证明方法有效，可以在公司层面进行应用。

假设携程公司原来的订单错误率为5%，在导入方法论后订单错误率降到3%，在3个月内为公司节省了1000万元的成本，公司就会拿出500万元奖励项目组。

同样的方法，也可以用在提高公司的成交率上。首先把成交率高的员工组织起来，成立项目组，探讨并总结提高成交率的方法。假设公司的成交率为50%，在使用了项目组给出的方法后成交率提高至70%，产生了巨大的经济效益，公司拿出增长利润的一半奖励给项目组。通过这样的方式激发员工的智慧和潜能，促进公司更好地发展。

构筑企业管理系统的最好方式是善用员工的聪明才智，如果总经理不能在工作时间内最大限度地发挥员工的能力，就是在给别人培养人才。

第三节 如何开好晨会和夕会，打造超强战斗力团队

在企业管理中，会议是内部沟通的重要方式之一，通过会议可以有效地进行沟通，完成信息的共享，同时想出更好的点子，有助于团队达成共识，更好地实现目标。

在经营中，高层需要召开战略共创会，中层需要召开战略共识会。在管理中，需要召开年会、季会、月会、周会和日会，日会又分为晨会和夕会。

这里重点和大家分享企业如何开好晨会和夕会，因为这两个会议是企业达成经营目标最重要的手段。经营的方法我在这里就不赘述了，大家有兴趣可以在《经与营》这本书中寻找答案。

1. 晨会

一日之计在于晨，但很多公司的晨会流于形式，要么喊口号，要么娱乐消遣。其实晨会是战略会议，真正有效的晨会可以帮助大家明确一天的目标。管理者倾听员工的目标和计划，并给予其鼓励，同时对偏离方向的员工进行思想纠正，防止员工在错误的道路上越走越远，浪费公司资源。

俗话说：不要用战术上的勤奋来弥补战略上的懒惰。如果晨会的战略就是错误的，肯定不会产生好的结果。正确的方法是管理者带动氛围，激发团队的士气后，每个员工用一分钟的时间说出自己今天的目标：干什么？为何干？如何干？

具体简化为以下五句话：

（1）我今天要达成的目标是什么？即业务员的业绩目标或其他

员工要完成的六件事情。

（2）我为什么要达成这个目标或完成这几件事？

（3）我准备如何达成这个目标或完成这几件事？列出具体的方法、步骤和关键节点。

（4）要达成这个目标或完成这几件事需要哪些资源？是否已经做好准备？

（5）如果工作中遇到问题找谁协助？

管理者通过前两个问题，判断员工的方向是否正确，如果目标设定不合理，就要及时纠正，防止无用功。管理者通过后面三个问题，判断员工的方法是否可行，并给予指点和引导。

为什么要提前制定目标，做计划？因为（1）和（2）不明确，后面的努力没有意义；（3）（4）（5）没有落实，实现目标只能靠运气。每个人只有创造结果才能生存，公司需要把有效的过程复制给团队，才能基业长青。

2. 夕会

曾子曰："吾日三省吾身。"很多公司没有夕会，或者夕会只是流于形式，走走过场。其实夕会是复盘会，真正有效的夕会是对一天工作的总结与反思。管理者通过倾听员工的总结及反思，给予肯定和指点，让有结果的员工第二天表现得更好，帮助未能取得结果的员工找到阻碍他达成目标的难点，形成良性循环，防止员工在错误的道路上越走越远，影响目标的实现。

一个人要想获得成功必须学会复盘及总结规律，才能从成功走向更大的成功。对公司来说，正确的方法是每个员工用一分钟的时间说出自己今天是否达成目标，自我剖析达成和未达成的原因，总结规律以应对今后的工作。

具体简化为以下五句话：

（1）今天的目标达成了多少？

（2）今天我做对了什么？今天使用的方法、步骤和关键节点。

（3）今天哪些工作可以做得更好？如果目标达成，在此过程中是否可以优化流程，更快更好地取得结果？如果目标未达成，未达成的原因是什么？至少在发现问题时，要连续追问五个为什么，找到其背后的真正原因。

（4）如果下次再遇到同样的问题我该如何处理？

（5）明天我要采取哪些行动才能确保实现目标？

通过以上五个问题，可以总结出成功的规律——继续做，找出错误的地方——停止做，发现新的改善机会——开始做。

管理者最重要的工作是协助未达成目标的员工找到原因，通过不断追问“为什么”，找出员工的障碍，只有帮助员工找到思考的盲点，才能防止员工陷入失败的循环。

【案例分享】

丰田公司生产线上的机器总是停转，虽然修过多次但仍不见好转。于是，管理者与工人进行了以下的问答。

一问：为什么机器停了？答：因为超过了负荷，保险丝就断了。

二问：为什么超负荷呢？答：因为轴承的润滑不够。

三问：为什么润滑不够？答：因为润滑泵吸不上油来。

四问：为什么吸不上油来？答：因为油泵轴磨损、松动了。

五问：为什么磨损了呢？答：因为没有安装过滤器，混进了铁屑等杂质。

其实，连续追问针对的是工人做事情差不多就行、浅尝辄止、糊弄一时的态度。只有真正逼近问题的根源，逻辑才会清晰浮现。

总之，通往成功的道路是目标始终如一，坚持不懈。无论是公司还是个人，每天都需要明确自己的目标，并想尽一切办法，不断优化行动方案，直至达成目标！

第三篇

分钱能力

企业要赚钱，必须懂分钱！

分钱分得好，业绩一定好！

分钱能力是指总经理在薪酬管理、利润分配等方面的决策能力。包括制定合理的薪酬体系，确保员工得到公平的回报，同时考虑企业的财务状况和可持续发展。

良好的分钱能力对于激励员工、提高他们的工作积极性和忠诚度、增强企业的整体竞争力有着重要的作用。

第六章　总经理必须知道如何发工资

第一节　如何设计科学的发工资方法，从而把普通人激发成人才

总经理最重要的能力就是使用别人能力的能力，可是很多总经理不知道如何让别人为自己所用，主要是总经理不懂得如何更有效地给员工发工资，因而很难把团队的动力充分激发出来。

工资定低了，吸引不到人才；工资定高了，公司风险太大。

遇到一个和公司谈工资的人，就慌了神，不知如何是好。

任何一个企业要做大做强都离不开人才，我们有效地发工资的目的有三个方面：**一是吸引人才加入公司；二是留住员工好好工作；三是激发员工更大的动力。**

企业之所以招不到人，主要是因为工资的吸引力不够，如果你的工资水平在行业中没有竞争力，你是吸引不到新员工的，老员工也会因为工资低而离开。

当工资高于同城同行20%时，员工就不会把心思放在换工作上。

当工资高于同城同行50%时，员工就会害怕失去工作而全力以赴。

吸引员工和留住员工虽然很重要，但如果无法激发员工努力地工作，还不能算是有效的薪酬机制。如果你无法吸引员工，也无法留住

员工，更无法激发员工更努力地工作，主要的原因是你不懂得如何发工资。

接下来重点来跟大家谈一下如何发工资，我辅导过1000多位“思维商学堂”学员，我发现他们公司管理不好的主要原因是薪酬机制出了问题。

一次有个学员跟我说：“我的技术员很不给力啊！我一直给他加工资都没有用。”

我听完他的描述之后，就让他做了一个改革，结果员工的积极性得到极大的提升，原来一周都干不完的活，现在不到3天就干完了。他们公司的业务是给人家做网站，原来给技术员的工资是每月5000元，但业务量很大，技术员觉得业务量越大他们越辛苦，所以做事速度慢。我的学员为了激发技术员的动力就给技术员每月加工资，5500元、6000元、6500元，8000元，结果效率还是低下。

我跟他说：你回去改革一下，不要发固定工资，给他一个保底工资，然后完成1个网站就奖励500元，完成2个网站就奖励1000元。如果按照公司现在的业务量，那么技术员每个月就可以拿到1万元以上的工资。公司的业务越多，他的收入就越高。

如果我们是这个技术员，完成1个网站可以拿到500元奖励，完成10个网站就可以拿到5000元，请问你有没有可能没日没夜、加班加点地把活干完？但是这个学员为什么最初无法激发员工呢？主要原因是他想省钱，他只给技术员加到8000元，觉得按行情，他给的工资已经很高了。但他不考虑自己的业务实际情况，大家要知道员工也不傻，你给他多少钱，他就做多少事。

虽然很多公司有很多销售人员，但是销售人员的业绩往往不好，没有动力。

销售人员没有动力的原因通常是底薪太高了，他没有业绩也能拿到一笔很高的薪水，这样他就有可能倦怠，公司的销售业绩自然就不可能好起来。

所以对于销售人员的薪酬，一般建议大家采用“低底薪、高提成”的方式。这样的话，如果没有业绩，他就没有办法生活。因而他会逼着自己努力拓展业务，提升业绩。

因为人都是“趋利避害”的，都想追求快乐，逃避痛苦。所以，要想活下去就要努力。

但底薪多少才比较合适？这里有一个公式：**底薪 = 杠杆工资 × 销售周期**。所以底薪要根据产品的销售周期以及销售难度来定。

“杠杆工资”是指什么呢？国家给每一个城市都制定了一个最低生活保障标准，这个最低生活保障标准就是“杠杆工资”。

“销售周期”是指什么呢？因为不同的产品，销售难度是不一样的，销售周期也不一样。

有些产品比较简单，把东西卖出去并把钱收回来是一个月之内可以完成的，那么他的销售周期就是1。

假设某个城市国家规定的最低生活保障是1200元，如果卖出某个产品，它的回款周期是1个月，那么他的底薪就是1200 × 1=1200元。

如果卖出某个产品，它的回款周期是2个月，那么他的底薪就是1200 × 2 = 2400元。

并不是所有人都适合做销售，大家在招聘销售人员的时候，如果应聘者问销售人员的底薪是多少，那么这个应聘者就不太适合做销售。为什么？因为考虑底薪多少的人通常属于保守型，或者是对自己的销售能力没有太大信心，所以他们比较关注底薪。

在招聘销售人员时，如果应聘者问销售人员的提成是多少，公司最高收入的销售人员每月可以拿到多少，那么这样的人一般属于进取型，比较喜欢有挑战性的工作，非常适合销售员这个岗位。

招基础的销售员按照这个规则招就可以了，但事实上我们是要招销售经理或者销售总监。因为是管理者，所以这种人相对而言对工资有一定的要求，如果公司开的工资太低了，可能吸引不了管理人才，这个时候要采用“保底工资+绩效工资+提成”的方式，才能招到合适的人。正确的做法依然是保底工资低，绩效工资和提成高，这样可以激励管理者达成目标。

公司招人中有一个很重要的原则就是匹配，能力匹配的同时，薪酬也要匹配。如果公司给他的工资和他想要的工资差距过大，就表示不匹配，这样的人就算加入公司了，终究有一天还是会离开，对公司的发展不利。

有很多人在加入你公司之前，把自己的能力吹得天花乱坠，但真正做事的时候，可能又是另外一个模样了。所以在他加入你公司之前，在你让他去做事之前，你又看不出他真正的能力的时候，怎么知道他匹配不匹配呢？教你一个方法，以后碰到这样的员工你就知道怎么处理了。

如果你看到一个优秀的人才，很想聘请他，但他开的工资跟你开的工资又有差距。比如说你公司想花4500元/月的工资请一个经理或总监，有一个人来应聘，你看他各方面都挺合适的，可是他的工资要求是6000元/月，如果达不到6000元/月他就不来。你认为这个人应该可以给公司赚超过6000元/月，但担心老员工觉得不公平，或者你害怕给他6000元之后，他并没有给公司创造出6000元以上的价值，怎么办？

你可以这样做。你跟他说：

“你这样的人才6000元/月怎么够呢？我给你8000元/月，但是我公司的工资是这样算的，固定工资3000元，绩效工资5000元，对应的业绩是每月8万元销售额（这个业绩指标根据你自己的实际情况而定），如果你能够完成每月8万元的业绩，那么你就可以拿到3000元固定工资+5000元绩效工资，也就是8000元。

“如果你只完成了4万元业绩，即5000元的绩效工资只能拿一半，也就是2500元。3000元固定工资，加上2500元的绩效工资，也就是本月你只能拿5500元。

“如果你这8万元业绩只达成8000元，那么你完成的绩效只有10%，即5000元的绩效工资只能拿10%，即500元。3000元的固定工资，加上500元的绩效工资，也就是本月你只能拿3500元。

“敢不敢跟我赌一下？”

如果这个人真的是有实力的，他肯定愿意接受，如果他不敢赌，就表示他不是一个有能力的人，因为他连达成8万元业绩的信心都没有，这种人根本不是你要的人。

你可以用这套“赛马”机制把不合适的人过滤掉，做总经理的人要学会“赛马”而非“相马”，一切用数据说话，不要相信员工说的，而要看他们做的，想要赚到多少钱，用业绩来换，而不是靠吹牛。

人都是因为希望而活着，所以每个人都希望将来更好，人们可以接受“低开高走”，却无法接受“高开低走”。什么叫作“低开高走”呢？有些总经理一开始并没有全面地测算公司的薪酬水平，随意定一个提成，结果业务起来后发现员工的收入高了，这时候他就会想办法降低提成。

如果公司现在的提成是10%，过一段时间后，提成降到5%，估计有一半人会立刻辞职，为什么？因为他们认为自己的收入变少了，感觉到自己被老板剥削了。

但如果现在的提成是5%，后期提升至10%，大家就会比较开心。

良好的薪酬机制一定会让观望的人动起来，让优秀的人富起来，让懒惰的人慌起来！

员工既想要固定工资，又不满足于它的固定；

既要让员工有安全感，又不能让员工太安逸；

既要考虑其规范性、持续性，还要有激励性。

如何做到这一点？最重要的是**导入PK机制和末位淘汰机制**。优秀的人是不服输的，他们喜欢赢。通常在公司里第一名的人和第二名的人关系都不怎么好，因为他们在竞争第一名。

但业绩倒数第一和倒数第二的人，通常关系好得简直像难兄难弟，如果老板不把最后一名淘汰，最后一名就会集合业绩不好的人，天天聚在一起聊负面，他们会说公司产品不好所以卖不掉，会说公司制度不好，会说别人业绩好是运气好。

如果不把这个业绩最差的员工淘汰，业绩最差的员工就会和其他员工联合起来把最好的员工淘汰。你也不要奢望他们的业绩会好起来，这个世界上一个人不成功是有原因的，让一个差的人变好是非常难的。**但让一个优秀的人变得更优秀则相对比较容易，只要你愿意拿出奖金，重奖第一名，这样就会有无数优秀的人渴望变成第一名。**

或者你可以宣布：每个人只要达成多少业绩目标就可以享受公司的什么福利待遇，或者是到哪里旅游，这样做的目的就是激发他们的动力和赚钱的欲望，让优秀的人变得更优秀。

你也可以让这些优秀的人相互下战书：这个月我的业绩如果没有你高，我给你多少钱；如果你的业绩比我低，你要给我多少钱。公司里可以营造出PK的氛围，让内部充满“火药味”。然后公司以见证人的方式收下双方的战书，同时把双方的钱先收上来，以防有些人输了不认账，同时激发他们努力地去把钱赢回来。

很多总经理之所以无法激发员工的动力，主要是因为他在发工资的时候犯了错误。接下来我列举几个常见的错误，你对照一下你的公司有没有犯这样的错误，没有最好，如果有也不要太担心，因为我在指出你问题的同时，会提供相对应的解决方案，只要你愿意改变一下过去发工资的方式，你公司的业绩一定会好起来。

很多公司为了激发销售员做出业绩，采用的薪酬机制是“递增式”的，即：

这个月做10万元业绩，我就给你10%的提成；

做15万元业绩，我就给你15%的提成；

做20万元业绩，我就给你20%的提成。

以上只是单纯举例，现实中的数据很多时候可能是3%，5%，8%，反正提成是由业绩决定的，业绩越高，提成就越高。

你以为这样可以激发销售员做出更多业绩，但事实上这样的薪酬机制坏处比好处多。

比如，公司的销售人员业绩很好，背后可能是因为公司加大了广告的投放或者其他原因。一个销售人员的业绩提高，公司在背后为客户所提供的服务成本也可能增加。也就是说，销售人员的业绩越好，提成越多，公司的成本相应地也会越来越高，这也意味着公司的利润越来越少。

还有**这种机制会导致一个致命的问题：员工合并订单以获取更高的提成。**

表6-1 业绩和提成的关系

业绩	20万元	15万元	10万元	5万元
提成	20%	15%	10%	5%

例如，如表6-1所示，业绩做到20万元提成20%，做15万元提成15%，做10万元提成10%，做5万元提成5%，看起来好像很公平，但是你会发现有些人再怎么努力，业绩都无法突破10万元，更不用说20万元了。这就意味着他永远都无法拿到更高的提成。这时候有一个人业绩是15万元，提成可以拿15%，有一个人业绩是5万元，提成可以拿5%，两个人的提成相差了10%，这可不是一笔小数目。这时候他们两个人就可能勾结，5万元的人把业绩挂到15万元的人那里，然后业绩变成了20万元，提成就会变成20%，双方都可以获得更大的利益。

所有采用这种机制的公司都会出现一个业绩超级好的人，这个人的业绩可能会好到占了公司总业绩的50%～80%，但这个业绩不一定都是他一个人做的，有可能是很多人的都算在他头上。以他为中心形成一个小团队，让公司大部分的人围着他转，然后他就以业绩第一名的身份天天向公司要福利或政策。如果哪一天总经理不能满足他的要求，他一离开可能就会带走一大批人，公司是很危险的。

很多总经理很自信地说："我的员工都在我的眼皮底下，他们搞不了这些的，而且我觉得他们应该不会干这样的事。"

记住：员工比你想象的聪明多了，而且人性是经受不住金钱的诱惑的，**管理的核心就是用制度约束人性中的"恶"，一个不好的制度会逼着好人去做坏事，一个良好的制度会让坏人没有机会做坏事。所有制度的设立都是基于限制人性的"恶"，规避犯错。**

总经理通常都是最"笨"的，因为他通常都是最后一个知道公司坏消息的人。看不见的管理比看得见的管理难，你永远不会知道员工在你背后都干了些什么损害公司利益的事。就像这种递增式的薪酬机制，员工本来是没有想着把业绩算到别人头上的，但因为强大的利益诱惑，难免会有人把持不住而和别人产生勾结。

如果你公司采用的是这种递增式的薪酬机制，一定要立刻做出调整。**公司里面不管是谁，不管做出多少业绩，提成都应该是统一的。**既不会因为你业绩多，你的提成比例就高，也不会因为你业绩少，你的提成比例就低。这叫作"同工同酬"，很公平。员工最怕什么，员工最怕三个字——不公平。所以我们要让基层的员工有尊严地活着，不是总经理养了他，而是他靠自己的能力养活了自己，无论赚多少钱，靠的都是他自己的能力。

但问题又来了，你不可能统一按照最高的提成比例给员工提成，因为那样的话你将要多花很多钱出去。但你又不能按照最低的比例给，因为按照“做加不做减”的原则，如果你把提成比例降低了，原来拿高提成的员工可能就不干了。如果业绩好的员工都不干了，那么你的公司就快关门了。

我建议大家把提成调整到一个中间值，这样原来拿低提成的员工现在可以拿到较高的提成，所以他肯定不会反对，原来拿中间值提成的员工利益也不会受损，所以你公司大部分的员工会愿意接受统一的提成。至于原来拿高提成的员工，他们的提成肯定会变少，他们会心理不平衡，那么，如何弥补这种不平衡，让他乐意接受改革呢？

接下来通过一个案例教大家一个方法，能让原来拿高提成的员工也愿意接受把提成调低，同时激发大家努力争取第一名，并且可以让第一名的人主动分享经验给全体成员。

【案例分享】

我有一个学员是做汽配生意的，销售模式主要是让业务员找很多经销商来代理销售，原来他给业务员的提成是2%，但听完我的课程之后决定多分一点给员工，于是就把提成调到3%。按理说提成增加1%，业绩应该更好才对，可事实上业绩并没有增加。业绩为什么没有增加？因为过去卖东西提成是2%，现在卖东西提成是3%，不管怎么样，这个客户迟早有一天都会买的，反正我都可以拿到3%，不急着现在成交。

提成从2%提高到3%，业务员会觉得这个1%是白给他的，公司的成本增加了，业绩却没有办法增加，失去了增加提成的意义，这笔钱就白花了。

这就是很多总经理所犯的错误，多花了钱却没能办成事，费力不讨好，主要原因还是他对人性不够了解。

其实人有一个重要的心理，就是：**每个人都渴望吃着碗里的，又看着锅里的**。总经理给员工的任何奖励，都不能让他们觉得这是理所当然的，否则他们就不会珍惜，更不会努力，那么我们这个钱花得就没有意义。

给任何人的奖励，都不可以让他不劳而获，一定要让他拿对应的能力来交换。

我跟他说："既然你愿意拿出3%，很好，你应该让所有业务员的提成还是2%，然后拿1%来做'冠军奖'，所谓'重赏之下，必有勇夫'。"

冠军奖就是重奖第一名，第一名的人可以获得所有人业绩的1%。

他公司有5个业务员，每个人的业绩都是不一样的，每个月的总业绩加起来可能是300万元，我让这几个业务员进行业绩PK，谁的业绩是第一名，谁就可以拿总业绩300万元的1%，也就是3万元。

假设第一名的业务员过去一个月的业绩是100万元，2%的提成就是2万元，3%的冠军奖就是3万元。奖金比提成还要高。这样计算的话，本月他的提成加奖金，总共可以拿到5万元，而按照原来3%的提成计算的话，他每个月只能拿到3万元。

如果是你，你会不会拼尽全力拿到第一名呢？因为成为第一名可以拿到"别人的钱"，这就是所谓的吃着碗里的，还可以拿到锅里的。自己再怎么努力，业绩都不可能比公司总业绩高，自己的提成增加1%，肯定没有全公司业绩的1%多。所以原来拿高提成的人就愿意把提成调到中间值，然后全力冲刺公司第一名，拿冠军奖。

这样做还有一个好处是：如果我觉得这个月会拿到第一名，那么我肯定希望这个月大家的业绩都好一点，因为这个月大家的业绩都好的话，我能拿到的“冠军奖”就会更多。这样就会激发第一名的业务员愿意把自己的宝贵经验分享给公司的所有人，提高公司的总业绩。

很多公司的冠军之所以不愿意分享成功的经验，主要是因为他们觉得：别人的业绩好不好跟我没关系，公司业绩好不好跟我也没有关系，我自己做好就可以了，不用去管别人业绩好不好。而且如果我把经验分享给他们的话，他们会和我竞争，对我没有任何好处。

所以，你可以根据我刚才讲的这个案例的方法，拿出一定比例的奖金来做“冠军奖”。“冠军奖”可以分为每个月的冠军，也可以是每周的冠军，甚至每天的冠军都可以。假设还是1%的奖励标准的话，你可以分为月冠军0.5%，周冠军0.5%。

每天的冠军可以采用转盘抽奖的方式，即公司准备一个大转盘，上面有各式各样的礼物（金额不用太大，10~50元即可），当天的冠军可以到转盘前转一下，指针指到哪里就可以拿到相应的礼物，只有当天的冠军才有资格转这个转盘，抽这个奖。抽到什么奖品不重要，重要的是给他无上的荣耀，同时激发更多的人成为冠军。

如果你能充分理会我刚才讲的这部分内容，相信公司的业绩一定会快速地增长。

接下来再和大家分享一下错误的发工资方法，很多公司给员工底薪，但是要求完成对应的业绩，如果没有完成，就一分钱底薪都没有，或者只有完成目标业绩后才能享受提成。这样做会导致业务员“逃单”，给公司带来巨大的损失，也会导致员工对企业离心离德，不利于团队建设。

假设一个公司是这样规定的，底薪1200元，但是业务员必须完成6000元的业绩，完不成业绩就没有底薪。

如果你是这个公司的业务员，努力了一个月，终于在30日下午5点成交了一个客户，收款5999元，请问你是上报到公司还是不报到公司？为什么你不愿意上报？因为你觉得即使上报了，本月也没有办法拿到底薪，既然拿不到一分钱，何不放到下个月一起报，到时候可以拿到全额底薪。

30日到下个月1日，差个一两天对客户来说也没有太大的影响。但是如果今天是10日，你收了一笔单子3000元，但又不能确定本月是否能完成6000元，你就会把单子放一放，观望一下，等确认可以完成6000元业绩时再一起上报。可是客户着急要产品，如果你不上报的话客户就无法享受到产品和服务，这时候你会怎么办？

这时候绝大多数业务员会找一家同行公司，把单子放到那里去，然后让同行公司给他钱。这就是业务员“逃单”的主要原因。其实都是被你的薪酬制度逼的。

还有些公司是这样规定的：6000元以内没有提成，6000元以上的部分才有提成。

例如，一个业务员本月做了7000元业绩，其中6000元是没有提成的，只有1000元有提成。请问这公平吗？绝对不公平。总经理一定要大方一点，只要业务员有业绩就有提成，哪怕是只收回10元钱，这10元钱当中都应有他的一部分，这样业务员才会积极地拓展业务，为公司创造更多的业绩。

很多公司把薪酬搞得很复杂，没有专业的人员操作都很难算得清楚，这样就会极大地降低员工的积极性，我们要把业务员的注意力集中在提升业绩上，让他清楚地知道他收回的每一笔钱中，有他多少提成，这样才能引导他为自己收钱。因为收到的钱越多，他能拿到的钱就越多，这就是人性。

有些总经理没有把业务员的注意力集中到提升业绩上，而是把业务员的注意力集中在具体的“事”上。结果大家都是围着“事”在转，而没有围着“业绩”转。“事”是过程，“业绩”是结果。没有结果的过程没有意义。

我曾遇到一个总经理，他给员工的底薪是1600元，但没有具体的业绩要求，而是要求他们必须做好几件事，这件事没做好罚100元，那件事没做好罚100元，员工只要做好这几件事情就能拿到底薪，但很多时候可能因为事情“好”的标准不一致而导致员工被扣钱，这会使员工产生负面情绪。

我们为什么要给业务员制定业绩指标？因为每个人的成长都需要有明确的目标。但不是每个人都懂得设定目标。所以总经理要学会给员工设定目标，如果你不帮助他设定目标，那么他就可能浪费时间。

所以你要规定：不管他是给公司带来1元业绩还是1万元业绩，公司都会给他基本的提成，这是对他劳动成果的尊重。

员工的收入是怎么来的？员工的收入都是他自己努力提升业绩赚来的，所以他“讨好”的是市场或客户，而不是总经理。只要他努力“讨好”市场或客户，就可以从市场上把钱给拿回来。

也有人问我：“苏老师，如果业务员做了6万元业绩，底薪要不要增加呢？”

我的回答是：“不用，因为这是底薪，业务员的收入主要来自业绩提成，而不是底薪。”

总经理愿不愿意拿出钱来是他的胸怀，懂不懂得分钱是智慧。分钱是一种技术，更是一种艺术。总经理要有胸怀，更要有智慧，灵活运用分钱的技术进可攻（赚大钱），退可守（不亏钱），这样才能立于不败之地。

接下来我们来谈另一个错误的发工资方式：固定薪酬制，也就是所谓的“死工资”。员工干多干少一个样，干好干坏一个样，干与不干一个样，长此以往，员工肯定没有积极性。

但很多人犯了一个错误，过去一直给员工的工资都是固定的，看到这里之后就把固定工资直接转为绩效工资了，结果员工不干了。为什么？因为多数员工害怕改变，缺乏安全感：万一完不成目标怎么办？到时候钱变少了怎么办？这都是员工担心的问题。

所以，我们要让员工有安全感，但又不能让员工太安逸。

【案例分享】

创业初期我公司前台，每月的工资是2000元，后来公司发展起来之后，我就决定给这个员工多加一点工资。但是也不能随便给，所以我就做了一个考核，看她这个月表现怎么样。如果她表现得好，达到90分，就加800元；如果她表现得一般，就加600元；如果她表现得差，就加200元。

刚好这个月公司都没什么事，没做事就不会犯错，结果这个月因为前台表现得好，奖励了800元。这个月工资就拿了2800元。

当这个员工拿了2800元之后，她就默认一个月的工资是2800元。到下个月公司让她做一件事情的时候，她做得不好，被扣分了，只能奖励600元。这时候，她没有感谢公司奖励她600元，而是埋怨公司扣了她200元。

如何做才能避免此类事件发生呢？接下来教大家一个方法，这个方法叫明升暗降法。

【案例分享】

我有一个学员是做变压器销售的，过去他给员工2000元底薪，没有任何的业绩要求，卖出变压器的提成是2%。因为不管有没有卖出变压器都可以拿到2000元，所以他的员工都缺乏积极性。他算了一下，平均一个业务员一个月可以做20万元的业绩。

他来征求我的意见，想回去做一个改革，把固定工资变成绩效工资，底薪2000元，业绩目标20万元，完不成20万元业绩的话，底薪就按照20万元的完成比例拿。

我跟他说："你不能这样做，如果这样做的话，你的员工肯定反对，甚至会跑光光的。"

我让他回去跟员工说：我决定给大家加工资，工资从原来的2000元，提升到2800元。但是这2800元是这样计算的，800元为固定工资，就是只要在公司上班，有没有业绩都可以拿到这800元。

2000元绩效对应要完成20万元业绩，如果完成10万元业绩就拿1000元绩效，那么你的工资就是800元固定工资+1000元绩效工资=1800元。

如果完成20万元业绩，就拿到2000元的绩效工资+800元的固定工资=2800元，提成和原来一样。

这样做的目的是激励大家努力提升业绩，我看大家过去都能完成20万元的业绩，所以我相信这样可以让大家增加收入。

请问一下，如果你是员工，听完之后开不开心？对于业绩好的人当然开心了，因为相当于公司多送他800元。而我这样做的目的是让业绩差的人慌起来，如果业绩完不成，收入就比原来少了。

我表面上把员工的工资涨到2800元，但实际上是把完不成业绩的人的工资给降了，我们发工资的目的是鼓励强者，激励弱者。这样才能让强者越强，弱者也变强。因为他如果不变强，就会被淘汰，这样公司才会越来越好。

在我的“商业思维”课程中，我分析过中小企业在发工资时常犯的12个错误，本书只是讲了其中几个，如果你想要彻底解决企业的薪酬问题，想要找到一套能激励员工的薪酬机制，建议你全面了解“商业思维”的课程。

第二节　如何进行正确的薪酬改革，快速实现企业的业绩增长

为什么公司的营业额、利润、产能无法提升？因为员工只操心他的工资收入，其他事情和他无关，他不必操心，所以总经理的工作重点不是去设定什么目标，而是要设定为目标操心的机制，当员工操心起他的利益时，公司的目标顺带就实现了。

接下来分享一个从事制造业的范总的案例，分享一下他是如何妙用薪酬机制，实现3年内业绩由3.7亿元提升至15.8亿元，并实现企业自动

运转的。

【案例分享】

A. 工厂工人：由原来的底薪工资+浮动奖金+加班工资，调成最低底薪工资+绩效工资+产量提成。

产生效果：加班少了，产量由原来最高每月720吨提升为1032吨，员工工资高了，风险降低了！

B. 货车司机：由原来每月4000元的固定工资，调整为底薪+送货公里提成+省油分红。

产生效果：司机不拖拉懒散了，勤快了，干活积极主动了，还主动省油了，原来忙的时候要请外面的车和司机，现在不用了，并且原来要增加购买的车辆不用买了，省了钱、司机、保险等，还降低了风险！

C. 销售部：原来4000元/月工资+20元/吨提成，调整为1420元/月底薪+65元/吨提成。

产生效果：员工工资由每月5000多元增长到10000多元，公司业绩由3.7亿元提升至15.8亿元！

PK机制：运用日PK、月PK、年PK机制。日PK：每天销售第一名可以进行大转盘抽奖并分享心得；月PK：优胜者可以免费省内旅游；年PK：优胜者可以免费省外旅游。

那么范总究竟是如何做到的呢？下面是他的自述：

大家好！我们主要的业务是有色金属加工的制造以及铜工艺品的研发和制造。

我用3年多的时间使企业业绩增长了将近5倍，我们主要运用了两大机制：薪酬机制和PK机制。

原来我们工厂的工人每天加班，也很辛苦，我也感觉我们的薪酬机制有问题——底薪工资+浮动奖金+加班工资，但是我没有找到一个很好的方法解决。

学习了“商业思维”课程以后，我学会了分配机制，回去后我第一时间改为底薪工资+绩效工资+产量提成。

在没有改革以前，员工每天加班时间基本上都在三四个小时，不仅效率不高，安全问题也很让人头疼。工人每天加班到晚上10点，还要自己骑电动车、摩托车回家，如果回去的路上出现交通事故，工厂要承担责任，安全隐患很大。

改革之后，工厂工人的薪酬结构改为底薪工资+绩效工资+产量提成。改完以后当月就发生了神奇的变化，原来产量每月最高的时候在720吨，改完当月就提升到了1032吨，但是员工平均加班时间不到1小时，给企业节省了很多钱。

如果算一笔账，每个人每天要加班3.5个小时，加班费是1小时15元就是52.5元，也就是每人每天52.5元，一个月按26个工作日计算，每人每月就是1365元，我有30多个员工，如果按照这样计算的话，每个月的加班工资就要支出5万元左右，一年12个月算下来，就是60多万元。

现在员工每天加班降到1个小时，每年可以节省支出40万元左右，产量还比原来提高了，从原来的720吨变成现在1032吨，我的风险也降低了。

原来工厂工人的底薪是2600元/月，现在降为当地最低工资标准1420元/月。他们之所以愿意接受，是因为苏引华老师在给我们讲课的时候教过我们，可以运用两套工资办法同时计算，回去后我就给员工们讲我这次出去学习学到了什么，对他们有什么好处，接下来我们工厂要怎么改变。

我给员工讲清楚，我去学习是为了带领大家更好地发展，拿到更高的薪水，反复地给员工讲。以之前某一个月为参照，用新旧两套工资方案把工资算出来进行对比，如果新的工资计算方法比原来拿得多，员工就愿意接受。

而且几个月的数据算下来，都比原来的多，员工们就更加愿意接受改变。刚开始也有很多员工不接受，但是我承诺前三个月用两种工资计算方法同时计算，如果新算法在三个月内有两个月的工资还没有原来的高，那我就把这套方案继续优化，直到比原来的工资高为止。

结果我们企业当月就发生了改变，我记得很清楚，那是2016年5月，我们还休息了3天，当月的产量居然高达1032吨，平均加班时间不到1小时。我拿新的工资算法和原来的算法做了对比，员工的工资待遇都提高了，同时加班时长减少。

这样的好处有：他们不用那么晚下班，可以有更多的时间陪伴家人，同时薪水不降反升。我算了一下，他们平均每人大概多赚了1500元。公司省去了加班费，降低了员工加班回家路上的风险，而且产量提升了，真是一举多得。

除了对一线工人进行薪酬改革，我还把驾驶员的薪酬也做了相应的调整。原来我们公司有三台货车，经常给客户频繁地送货，每当忙不过来的时候，我们都要去外面大量雇车。雇车的费用成本也是非常高的，于是我们生产部就打了份报告，说要继续购置货车，同时增加驾驶员，随之而来的是保险、油料等方面的支出。

我当时的第一感觉就是，我们一线工人的薪酬改革那么成功，能不能也用到驾驶员身上试一下。原来驾驶员的工资是固定的，每月4000元。他出去跑一趟有时需要一天时间，有时可能一天还回不来，因为有些运输距离会超过300公里。

因为是固定工资，大家也没有动力，其实我也知道他们有时在外面晃晃悠悠的。如果他能够及时回来，我就不用雇外面的车了，可以节省不少成本。但是因为我也没有办法一对一的管理，所以很长一段时间没有解决这个问题，没有办法约束他们。

这次我采用的方法也是把固定工资从每月4000元降到每月1420元，再加“送货公里提成+省油分红”。因为前期我们生产团队薪酬改革已经让大家尝到了甜头。我们也给驾驶员计算每天的出车量、送货量，驾驶员自己最清楚具体的数据了。

过去，驾驶员的工资是固定的，不管他努力不努力，做得好不好，最后大家发的工资都是4000元。所以驾驶员出去之后就磨洋工。从洛阳去一趟郑州，可能就要磨1天时间，早上8点走，晚上我都下班了，还不见车回来。

现在，导入了“送货公里提成”，驾驶员发现，如果多跑一趟就会多赚一份钱。结果出现什么情况呢？第二天我们要到郑州去给客户送货，驾驶员凌晨4点钟就从自己家里来到工厂，然后把车开出来直接送到客户那个地方，中午12点以前就回到了工厂。

当时我们整个管理团队都惊讶于驾驶员仅8小时就完成了从洛阳至郑州的往返行程。很显然，他是利用了他的休息时间，自己主动开车出去送货，这种行为的驱动力在于，每跑一趟就可以赚到150元。中午吃完饭后，他又放弃休息时间，在市里送了一趟货，送货公里提成20元，下午送两趟，又能赚到40元。

当天下班的时候我问他："你今天赚了多少钱？"

他说："我今天一共赚了190元。"

我说："你这样下去的话，一个月工资可以拿到多少钱？"

他说："我也不知道，只有拼命地干，才能知道我当月收入是多少钱。"

到月底算工资的时候，员工的工资都采用现金发放（过去我们发工资都是打到员工的银行卡上），他拿到6100元钱，比4000元高出了很多，他也尝到了甜头。

后来，生产部把购车申请从我这儿撤回去了，不需要再购车了。同时给我打了一份申请书，要求减少车辆、减少驾驶员。他们又给我算了一笔账。

我们一辆车一年的管理费是多少钱，一个驾驶员一年工资是多少钱，如果减少一台车的话，我们的安全风险能降低多少，他们给我写得很清楚，基本每年能为公司节省10万元。我说这个效果就非常好，前前后后工厂已经节省五六十万元了。

第二个月，我又给驾驶员提出一个新的想法，我说我们能不能做一个减少式机制。最早是减少汽车，现在要减少的是油料。

我有三台货车，平常加油都是拿中国石化的加油卡给指定车号加，但是这也存在一定的风险，不太好管控。现在我们跟驾驶员沟通好，1公里平均油耗1元钱，省下来的钱分给驾驶员60%。

例如，一台车每公里耗油1元钱，因为有时候拉的货重，有时候拉的货轻，可能用油量不一样，我们这一个月平均下来，如果他只用了0.8元/公里，省了0.2元/公里，我就把省下来的60%，即0.12元乘以行驶的公里数奖励给驾驶员。

这一政策使驾驶员非常开心，于是就拼命地省油，同时公司能够节省一部分支出。

我统计了一下，每台车一年可以节省8750元油费，三台车一年总共能节省2万元左右。俗话说："省下来的都是纯利润"。

驾驶员的薪水高了很多，动力更大了。原来他们星期天从来不愿意加班，现在我基本上都不用管，星期天驾驶员也主动去送货，有时候装卸工还没来，他觉得很轻的东西自己就干了，这是在我们原来的工厂里看不到的现象。客户服务的感觉也非常好，公司的口碑也有所提高。

因为驾驶员想着尽快卸完货回来再拉下一趟，所以他就会去讨好对方的卸货员，加快卸货速度，客户反而觉得我们的服务很好，这是共赢，一举多得。

随后，我又把这些机制用在了销售团队上，原来我们销售团队的工资计算方法是高底薪、低提成，大家都没有动力，反正底薪一个月4000多元，养家够了，无所谓卖多卖少，大热天能不出去跑就不出去跑，因为提成很低。

学完"商业思维"以后，我把销售员底薪调为1420元/月，然后提高提成金额，原来的提成是20元/吨，现在提升到65元/吨，增加了45元/吨，因为销售员都知道每月卖出的量是多少，所以他们都会去算这笔账，我也没有做太多的动员。

原来我们销售人员工资基本上在5000元左右，现在我们的销售团队工资基本上在10000元以上，涨了1倍，他们很开心。对于我们做企业的来讲，员工拿的工资越多，我们越开心，因为员工拿得越多，代表我们的业绩越好。

我们就从2016年的3.7亿元做到2018年的15.8亿元，这都是因为这些机制的改变给激励出来的。业务员想要赚到更多的钱，就会想办法提升业绩，星期六、星期天放假了他也会出去跑业务，大热天他也去跑业务，然后工厂的工人又能够快速地把东西生产出来，运输部的人能快速地把产品运出去，这一流程就是用了分配机制理顺的。

因为我们是制造业，和其他快消品行业不太一样，我们是先接到订单，由生产部生产，再由驾驶员把货送出去，是一系列连贯的流程。如果流程中间出现一点点卡壳，进度就会受到很大的影响，所以我是把业务员、工人、驾驶员全部统一成一个利益共同体，激发了他们的生产力才出现如今这样的好局面。

如果你不是从事生产制造业的，想要了解本行业的精彩案例，可以扫描二维码进入“大脑营行”App的在线学习区，目前我们归纳整理了数十个行业近千个学员的精彩落地案例：家装建材、批发零售、美容美发、酒店餐饮、教育培训、生产制造、服装鞋帽、互联网、汽车服务、娱乐服务、农林渔牧、文体产业、地产销售、酒水饮料、商品贸易、建筑工程、金融保险、商业服务、广告传媒、食品加工、医疗器械、仓储物流、医美整形、能源矿产、非营利机构、其他行业。

扫码进入“大脑营行”App在线学习区

这些经典落地案例是我们从海量的学员中精心挑选出的最具代表性的案例，相信一定可以给你启发，帮助你实现业绩增长、企业高效发展。

第四篇

赚钱能力

想要有钱分，必须懂赚钱！
商业模式好，利润少不了！

赚钱能力是指总经理在业务拓展、市场营销、产品创新等方面的能力。包括识别市场机会，制定有效的营销策略，并推动产品创新以满足客户需求。

赚钱能力是企业的核心竞争力之一，直接关系到企业的盈利能力和市场份额。

第七章 总经理必须知道如何设计商业模式

第一节 如何设计商业模式，让客户持续不断地购买

很多公司业绩不好是因为商业模式不行，因为客户一生中可能只需要购买一次产品，一旦成交就意味着生意的结束，从此老死不相往来。客户既不会转介绍，也不会持续购买，这样的生意最多只能称为“买卖”。

最好的商业模式就是持续不断地满足消费者的需求，但又不能一次性全部满足，必须吊足胃口。应摒弃依赖短期高强度努力的“提水式”经营模式，去追求稳定、可持续的“细水长流”式发展模式，建立稳固的盈利“管道”。在产品线设计上，应采取策略，前期让产品为客户带来价值，在客户心中建立信任和依赖后，后期通过产品升级等方式进行收费。

【案例分享】

1801年，在意大利中部的小山村中，有两位名叫柏波罗和布鲁诺的年轻人，他们既是堂兄弟，也是最好的朋友。

他们雄心勃勃，是大梦想者，总是不停地谈论着有一天能通过某种方式，让自己成为村里最富有的人。他们都很聪明，而且很勤奋，

坚信自己的成功只是需要一个机会。

一天，机会来了。村里决定雇用两个人把附近河里的水运送到村广场的水缸中。两个人都快速抓起两只水桶奔向河边。一天结束后，他们把镇上的水缸都装满了。村里按每桶一分钱的价格付给了他们报酬。

“我们的梦想实现了！简直无法相信我们的好福气。”布鲁诺大声地叫着。

但柏波罗不是非常确信。他的背又酸又痛，提那重重的大桶的手也起了泡，他害怕明天早上起来又要去工作。他发誓要想出更好的办法，将河里的水运到村子里。

“布鲁诺，我有一个计划。”第二天早上，当他们抓起水桶往河边奔跑时，柏波罗说，“这样来回提水，一天才几分钱的报酬，不如我们修一条管道将水从河里引到村里吧。”

听完，布鲁诺愣住了。

“一条管道？谁听说过这样的事？”布鲁诺大声嚷嚷着，“柏波罗，我们有一份不错的工作。我一天可以提一百桶水。一分钱一桶，一天就是一元钱！我是富人了！一个星期后，我就可以买双新鞋。一个月后，我就可以买一头母牛。六个月后，我就可以盖一间新房子了！我们有全镇最好的工作，一周只需工作五天，每年两周的带薪假期。我们这辈子可以享受生活了！放弃你的管道吧！”

但柏波罗不是一个轻言放弃的人，他耐心地向他最好的朋友解释这个计划。柏波罗用白天的一部分时间提桶运水，用另一部分时间和周末建造管道。他知道，在岩石般坚硬的土壤中挖一条管道是多么艰难。因为他的薪酬是根据运水的桶数来支付的，所以他的薪酬在开始的时候会有所降低。而且要等一年到两年，他的管道才会产生可观的效益。但柏波罗相信他的梦想终会实现，于是他就去做了。

布鲁诺和其他村民开始嘲笑柏波罗，称他为“管道人柏波罗”。布鲁诺赚到比柏波罗多一倍的钱，炫耀他新买的东西。他买了一头驴，配上全新的皮鞍，拴在他新盖的二层楼旁。他买了亮闪闪的新衣服，在乡村饭店里吃可口的食物，村民们称他为布鲁诺先生。他坐在酒吧里，为人们买上几杯酒，而人们为他所讲的笑话开怀大笑。

当布鲁诺晚间和周末睡在吊床上悠然自得时，柏波罗还在继续挖着他的管道。头几个月，柏波罗的努力并没有多大进展，他的工作很辛苦，比布鲁诺的工作更辛苦，因为柏波罗晚上和周末依然在工作。

但柏波罗不断地提醒自己，明天梦想的实现是建立在今天的牺牲上的。一天又一天过去了，他继续挖，虽然每次只有一英寸。

“一英寸，又一英寸，成为一英尺。”他一边挥动着斧子，打进岩石般坚硬的土壤中，一边重复着这句话。一英寸变成一英尺，然后变成10英尺、20英尺、100英尺……

“短期的痛苦等于长期的回报。”每天完成工作后，筋疲力尽的柏波罗跌跌撞撞地回到他简陋的小屋时，他总是这样提醒着自己。他通过设定和完成每天的目标来衡量工作的成效。他知道终有一天，回报将大大超过他的付出。

“目光盯在回报上。”每当他慢慢入睡，耳边尽是酒馆村民的笑声时，他一遍遍地重复着这句话。

一天天、一月月过去了。有一天，柏波罗意识到他的管道完成了一半，这意味着他只需要提桶走一半的路程了！柏波罗依然把额外的时间用来建造管道，离完工的日期终于越来越近。

柏波罗在休息的时候，他看到他的朋友布鲁诺在费力地运水。布鲁诺的背比以前更驼了，由于长期劳累，步伐也变慢了。布鲁诺很生气，闷闷不乐，为他自己一辈子运水而愤懑，他花在酒吧里的时间更多了。

每当布鲁诺进来时，酒吧的顾客都窃窃私语："提桶人布鲁诺来了。"当镇上的醉汉模仿布鲁诺驼背的姿势和拖着脚走路的样子时，他们咯咯大笑。布鲁诺不再买酒给别人喝了，也不再讲笑话。他宁愿独自坐在漆黑的角落里，被一大堆空酒瓶包围。

最后，柏波罗的大日子终于来到了——管道完工了！村民们簇拥着来看水从管道中流入水槽！现在，村子源源不断地供应着新鲜的水源，附近其他的村子都搬到这里来了，小村庄顿时繁荣了起来。

管道一完工，柏波罗就不用再提水桶了。无论他是否工作，水都在源源不断地流入。他吃饭时，水在流入；他睡觉时，水在流入；当他周末去玩时，水依然在流入。流入村子的水越多，装进柏波罗口袋里的钱就越多。

看完这个"管道的故事"，大家有什么感想？相信你应该知道了什么叫作商业模式。

很多企业的业绩之所以无法持续增长，就是因为绝大多数的客户购买了一次就不买了，没有持续回购。就像一个人天天都在提水，一桶水喝完了也就没了，又需要再提。

由此可见，我们做生意要想办法打造"管道"。那么，什么叫作

"管道"?

"管道"就是客户在购买产品之后，一辈子能够持续不断地购买。只有这样，我们才能持续不断地从客户身上赚到更多的钱。

你知道为什么你的客户不再跟你购买了吗?那是因为你的产品已经不能再满足他们的需求了，所以他们才会离你而去。

客户不断流失的原因有两个：一是客户进步得太快，商家没有进步，所以商家被客户淘汰了；二是客户没进步，商家进步得太快，导致客户没有跟上。

如果想做好生意，最重要的就是要深入聚焦一波客户，然后陪伴他们一起成长，这就是我们企业能够持续获得回报的核心所在。

不要走在客户前面，因为他们可能不会跟随，也不要走在客户后面，因为他们不一定能指引你。最好的方式是走在客户中间，和他们齐头并进，陪伴他们一起成长。

假如你只有一款产品，凭一招半式闯江湖，可能这款产品卖得很好，一下子让你赚到了很多钱，但很有可能一段时间之后就销声匿迹了。为什么会发生这种情况?

客户在第一次选择购买你的产品时，会花很多时间了解你，会做竞品分析。其实客户也不喜欢改变（找其他人购买），但为什么结果却是跑到其他人那里购买了呢?因为你没有办法满足他新的需求，所以他只能选择别人。

如果你能够持续不断地满足他新的需求，他绝不会轻易去换商家。其实所有的客户心中都渴望有一个商家能够提供"一站式"解决方案，可以帮助他们节省时间。

【案例分享】

看完这本书之后，它对你的企业经营管理是否有很大的帮助？你相不相信，只要你能把本书上讲的内容运用在企业经营上，你的生意一定会变得更好？当你的生意变得更好之后，你的企业有没有可能迈上新的台阶？答案是肯定的。

但如果我这辈子只有这一款产品（这本书），没有其他任何产品可以再卖给你，就算你看完我的这本书之后，觉得这本书对你的帮助非常大，你也不会继续付钱给我，因为拥有这本书你只需要付一次钱即可，也就是说，你这辈子都不会买第二本同样的书了。

那请问一下，难道你只要看这一本书就能把所有的经营管理问题全部解决吗？答案是当然不可能。

在现阶段，你看了这本书后可能会找到很好的方法把企业做大做强。但是当你的企业规模扩大5倍、10倍之后，你会碰到比现在严峻10倍的问题，那时候的你愿意不愿意投入更多的金钱来处理眼前的问题？当然愿意了。

那时候你肯定会拿着钱来找解决方案，然后你就找到了我。你说："苏引华老师您好，我在看完你的《总经理》之后，企业发生了很大的变化。现在我的企业遇到了另外一个严峻的问题，希望您能够继续为我提供帮助。我相信您，只要您能帮我解决，我愿意付10倍的价钱。"

如果我没有后续的产品能够帮你解决问题，你会把钱给我吗？不会。我还能赚到你的钱吗？不能。因为我无法帮助你解决问题，自然无法赚到你的钱。而你的问题也是必须想办法解决的，这时候你就在想到底谁还能帮助你解决问题？于是你就放眼世界，去寻找一家可以帮你解决问题的公司。当你找到之后，你就会毫不犹豫地成为他们的客户。

如果那样的事情发生了，请问我是不是在帮助我的同行竞争对手培养优质客户？很显然我是不会让这样的事情发生的，所以我早就为大家准备好了对应的“商业思维”课程，如果你看完这本书有很大的收获，相信我有能力可以帮助你解决问题，你应该立刻报名参加我的“商业思维”课程。

第二节　如何设计商业模式，让企业持续不断地赚钱

要想赚到钱，必须想办法持续不断地满足客户需求。要成为一个优秀的总经理，不但要能满足客户的需求，还要能创造客户的需求。

为什么很多企业会大起大落？因为事物的发展规律是呈螺旋式上升，波浪式前进的。任何一个产品都是有生命周期的，哪怕精神产品都有生命周期。产品生命周期各阶段的特点见表7-1。

表7-1　产品生命周期各阶段的特点

指标	导入期	增长期	成熟期	衰退期
销售额	低	迅速增长	平稳	下降
成本/每个顾客	高	平均成本	低	低
利润	负	大量增加	高	下降
消费者	试用者	早期使用者	大多数	保守者
竞争厂家	少	渐多	稳定	下降

一个产品的生命周期开始于导入期，发展于增长期，之后进入成熟期，终有一天会走入衰退期。就像人生一样，年轻的时候精力旺盛，年老的时候体力大不如前。

在产品最初导入时，公司要花费大量的研发成本，并且需要持续投放费用培育市场、培育客户，所以前期基本上都是赔钱。

进入增长期，使用产品的客户量快速增加，相应地，公司的收入也飞速发展，这时公司可以赚到少部分的钱，但是培育成本还是很大。

公司在什么阶段最赚钱呢？进入成熟期后，产品不用推销都有客户愿意主动购买。因为在此阶段，客户已经认可了产品，并且产品技术已经成熟，投入的成本已经降到最低，所以此时公司可以赚取最大利润。

很多总经理往往会在成熟期得意忘形，说："我们公司现在好得不得了，供不应求！闭着眼睛都能赚钱，产品根本不愁卖！"很显然这些总经理并没有意识到危机的到来，不知道客户的需求会随着时间的改变而改变，没有反思自己的产品是否能持续性满足客户需求，而是把产品销量下降的原因归结为市场变化或行业变革。眼睁睁地看着公司的产品卖得越来越少，直到被市场淘汰。

很多总经理只有在发现同行中突然出现强有力的竞争对手后，才开始反思——为什么别人的公司越来越好，而自己的公司却日落西山？如果是行业不行了，那为什么同行却能异军突起、蒸蒸日上？

当大批优质的客户转投竞争对手的怀抱时，总经理们才真正开始发慌，于是重新开始了解客户需求，试图再推出能满足客户需求的产品来反败为胜。

如图7-1所示，当产品衰退到极点之后，总经理只能重新开始研究客户的新需求，试图通过研发新产品留住客户。

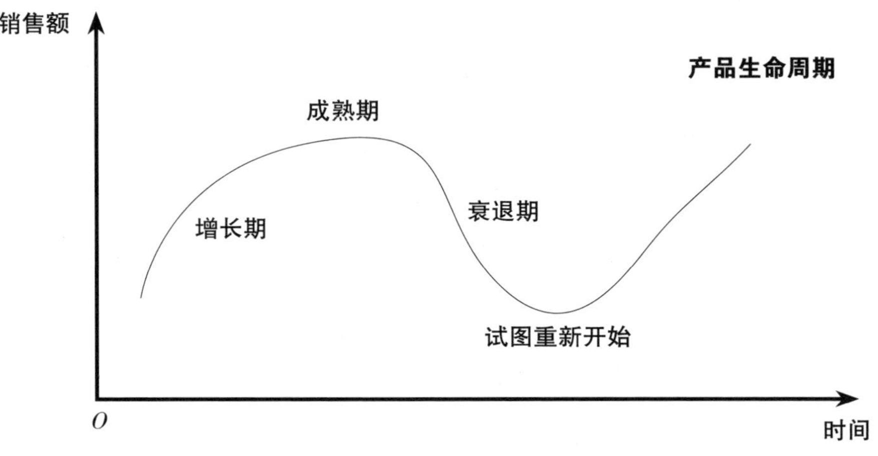

图7-1　产品生命周期图

绝大多数总经理到了这个阶段想要东山再起是非常困难的，伴随着企业衰落，人才肯定会大量流失，公司利润也会越来越少，这时候想要反败为胜，简直比登天还难。

不合格的总经理都在框架内思考，直到被人抛弃之后才开始改变；合格的总经理都在框架外思考，在自己最巅峰的时候主动变革，然后创造新的辉煌。

【案例分享】

相信大家都听说过柯达这个品牌，它在2008年全球金融危机时倒下了。很多人把柯达的倒闭原因归结为金融危机，但事实却是数码相机的出现，大批客户不需要再购买胶卷和冲洗相片了，以致柯达的营业收入大大减少，最终导致破产。

遗憾的是，世界上第一台数码相机是柯达公司发明的。早在1975年，柯达的工程师就发明了数码相机，尽管当时的相机只有100像素（和现在的二维码差不多）。但由于当时柯达的主要利润都来源于卖胶卷，高层担心一旦推出数码相机，大家可能就不用胶片机了，进而影响购买胶卷和洗相片的市场需求，从而动摇柯达商业帝国的根基。因此，柯达不愿意投入时间和精力去研究这门技术，想着只要数码相机晚一天上市，就可以多赚一天胶片的钱。

但是大家别忘了，这个世界上的聪明人不止你一个。柯达由于没有凭借自身优势在数码相机这个新业务上发力，以致错失先机，被迫退出了市场。

鸡蛋从外打破是食物，从内打破是生命。

企业如果不自己改革，就会被对手革命！

在微信推出以前，腾讯公司的主要收入来源是QQ，但是腾讯主动革自己的命，推出了微信，所以才有了新的高度。马化腾都说，假如微信不是由腾讯公司研发出来的，可能公司立刻就倒闭了。

如图7-2所示，大部分公司是在一款产品即将进入成熟期的时候，开始研发新一代产品。因为成熟期是公司最赚钱的阶段，所以在这个时间节点研发新品可以不计成本地投入。等成熟期的产品快要走向衰败的时候，新一代产品刚好投入市场。等新一代的产品也快进入成熟期的时候，接着研发下一代产品。只有这样，才能持续不断地赚到更多钱。

接下来我要和大家分享一个重要的经营理念，也是赚钱的核心理念。**总经理只有想办法持续不断地满足客户的需求，才有可能赚到更**

多的钱。但是别忘了，在满足客户需求的同时，也有很多竞争对手在满足客户需求，我们如何才能做到不战而胜？

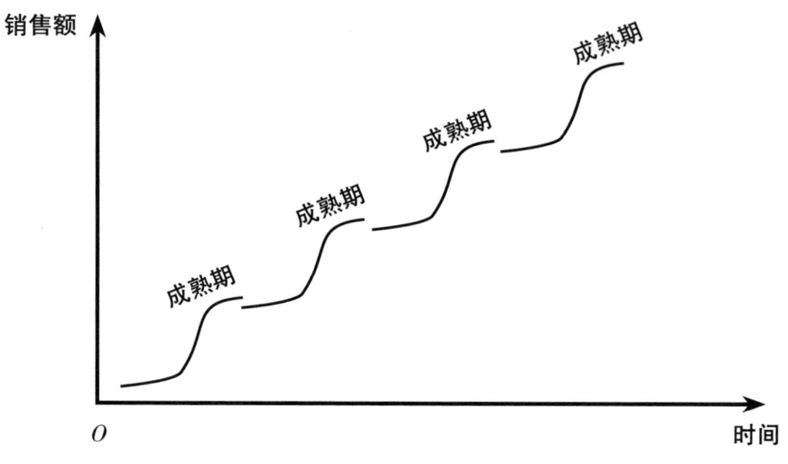

图7–2　新产品研发周期

“不战而屈人之兵”是最上策，要成为一个优秀的总经理，不但要能满足客户的需求，而且要能创造客户的需求。

第三节　如何把一次性的生意做成一辈子的生意

很多公司可能有好几款产品，但为什么没有赚到钱？这是因为产品没有做成“矩阵”，也就是没有产品线布局。有很多人手上掌握着专利技术，但是却一穷二白，大家知道为什么吗？因为他们不会做生意，只拥有技术思维，缺乏商业思维。

不是所有的产品都是拿来赚钱的，有些产品是用来和别人“发生关系的”，目的是创造需求。就像踢足球一样，有的产品如同前锋，有的产品如同中锋，有的产品像后卫，有的产品则是守门员。

【案例分享】

我在2001年的时候买了一台联想电脑，应该是6999元，包括电脑主机、音箱、显示器，还配了一部数码相机。那时商家搞了一个促销方案：购买此电脑后只需加1元钱，就可以获得一台价值265元的喷墨打印机。

是要还是不要？如果不付这1元钱，简直就是和自己过不去。所以我毫不犹豫地付了这1元钱，把喷墨打印机拿回了家。

有了数码相机之后可以直接拍照，然后用电脑连上打印机就可以用相片纸把照片打印出来，省去了去影楼冲洗相片的麻烦。对于网络上的文章，喜欢的也可以直接打印，再也不用去打印店打印了。刚开始我还挺兴奋，只要看到网上有好看的图片或我觉得挺好的文件资料就打印。结果不到一个月的时间，喷墨打印机就不工作了。

我原本还在想，打印机怎么这么快就坏了，后来一检查才发现，原来是没有墨了。对于一台打印机来说，如果没有墨，打印机就成了废物。怎么办？想让它重新工作就需要买专用的墨盒，一个165元，要不要买？不买不行啊，只能买，而且一年要回购多次。

大家现在知道怎么构筑你的“商业模式”了吗？

卖出一台电脑虽然可以赚到一些钱，但客户在买了电脑之后可能要好几年才会再次购买（不容易坏）。也就是说，商家这次赚了卖电脑的钱之后，下次要想再赚一笔需要等上好几年。

如何持续不断地赚到客户的钱呢？答案是卖消耗品（墨盒）。电脑不容易坏，但墨盒却很容易用完。只要客户不停地打印，就需要不断地购买墨盒，这样商家就可以持续不断地赚到客户购买墨盒的钱。

虽然打印机以1元的价格卖给了客户，看似是亏钱的，但有资格以1元的价格购买打印机的只是购买过电脑的客户，在6999元的基础上增加1元，商家肯定是不亏的。之所以以1元的价格卖给客户，只是为了加深客户对这台打印机的印象，从而让他们在未来多多使用而已。

事实上，商家送出打印机的目的是希望持续性地带动墨盒的销售量。只要使用打印机的人数越来越多，墨盒的需求就会源源不断。

对于联想公司而言，它最希望的事情就是让所有的人都拥有一台打印机，这样就不愁没有客户。这才是真正的做生意。

【案例分享】

中国的动漫技术其实不比日本和美国差，但中国却少有顶级的动漫公司，为什么？因为中国人做动画片真的就是“做动画片”，缺少一个线性的产品规划。

比如大家常见的《喜羊羊与灰太狼》。这家公司之所以一年没赚多少钱，是因为无法通过后续衍生产品赚钱，大部分毛绒玩具厂商可以用《喜羊羊与灰太狼》的形象制作玩具，卖出去不给版权费，公司也很难维权。如果影片被盗版了，也收不到任何的收入。

日本、美国的动漫有一个完整的产业布局。比如《变形金刚》，在电影开播之前，就已经生产好了《变形金刚》的玩具（衍生品），这个生产工艺很复杂，不亚于高科技，别人一般生产不了。

当《变形金刚》的电影热播之后，就会有人因为看了《变形金刚》的电影想买一个变形金刚，这时公司就可以通过卖玩具赚到更多的钱。看电影可能只需要花去几十元，但买一个变形金刚玩具可能就要花去1000多元。

一旦有了商业模式的支撑，就算有了《变形金刚》的盗版电影，也只会增加《变形金刚》的知名度，从而带动《变形金刚》的衍生品销量。

【案例分享】

记得几年前，我带着团队去香港旅游，有个导游给我们讲了一个故事。在疫情防控期间，很多人不敢去餐厅吃饭，导致餐厅没生意做，大部分倒闭了。但是有一家餐厅做了一个活动之后，生意盈门，赚了不少钱。

这个活动就是只需1元即可享用本店招牌菜“一盘鸡”。

既然有这么大的便宜，不占白不占！绝大多数香港居民面临巨大的生活压力，因为各方面的费用都很高，吃饭也很贵，现在“一盘鸡”只要1元，要是不去吃的话简直就是对不起自己，所以绝大多数人被广告吸引去了餐厅。

一盘鸡只卖1元，餐厅显然是亏钱的。用这个方法把人吸引过来之后，如果客户只点了这只鸡，吃完之后拍拍屁股走人，那么这家餐厅肯定会倒闭，所以必须售卖后续的产品，想方设法让客户多点一些其他菜品，增加营业额。虽然餐厅可能暂时没有利润，但可以保证餐厅有充足的现金流。

当客人来到餐厅，服务员上菜（一盘鸡）后，会给客人倒一杯水，鞠躬后问道：“先生，本店还有其他的特色菜品，需不需要来一些？”

如果这位客人就是奔着占便宜来的，可能会说：“不用不用，我吃鸡就可以了。”这时服务员也不强势推销，就走开了。

过了一分钟，又走过来一位服务员，给客人续了一杯水，鞠躬后问道："先生，本店还有其他的特色菜品，需不需要来一些？"

客人顶住压力，依然说："不用不用。"

不到10分钟，来了10个服务员，给客人倒了10杯水，鞠了10个躬："先生，本店还有其他的特色菜品，需不需要来一些？"

绝大多数客人一般会受不了，会说："来点一点吧。"

然而，仍有一些客人坚决地回答："不用不用。"

这时候轮到店长跟经理走过来给客人倒水，鞠躬后问道："先生，本店还有其他的特色菜品，需不需要来一些？您也知道，这只鸡我们是亏钱卖的，您好歹点一些其他的东西，让我们增加一点营业额，让我们活下去吧！"

绝大多数客人看在经理的面子上，就点了，因为实在是没有吃饱。但是就有一些客人仍然说"不用不用"，然后吃完之后就大摇大摆地走了。

但人有一个特点，就是得了便宜之后会开始卖乖。吃过一盘鸡的客人见到人就说："我今天吃了一顿'霸王餐'，你看这么大一只鸡才1元。"朋友们听了之后就会问："在哪里？我也要去。"于是就吸引了无数的人慕名而来。

疫情防控期间，香港绝大部分餐厅生意很惨淡的情况下，这家餐厅的生意却异常火爆，不但没有因为疫情而倒闭，反而赚到了不少钱。疫情过后，这家餐厅的生意依然很好。

这只是一个开始，这件事情成了香港的一段佳话，很多导游会聊到这个故事。

当时我们团队在香港旅游定的是豪华团，包吃包住的。听完这个故事之后，我就和导游说："晚上你不用给我们安排晚餐了，退的餐费全都给你。麻烦你告诉我刚刚说的这家餐厅叫什么名字，位置在哪里，晚上我们也想去体验一下。"

于是，我就带着20个同事吃鸡去了。又是打的，又是坐地铁，差不多花了40多分钟，终于找到了传说中的那家酒店——富临酒店。进店之后我们没有坐在一起，而是分头行动，目的是让团队的成员们都能体验一下成交的流程，学过来为自己所用。

找位置坐好后，服务员走过来给我倒了一杯水。我上来就说："麻烦给我上1元钱的鸡。"

这时候服务员面露难色地说："先生，不好意思，本店已经不卖1元钱的鸡了。"

啊！居然没有这个产品了！但我们跑了这么远过来，不可能因为没有1元的鸡就不吃晚餐了吧！于是，团队又凑成了两大桌。

这时候服务员说："看你们有这么多人，建议选择我们的套餐。"

我说："好啊！推荐一下。"

最后我们接受了他推荐的套餐，一桌1980元，两桌一共消费3960元。虽然这个消费不算太高，但也不低。问题是如果没有那1元钱的鸡的故事，我们也不会被赚走3960元。这就是商业策略。

我们都希望所有的客户能成为大客户，但问题是如果你的产品都是高单价的，一般不太容易吸引到大批量的客户。

不是因为客户买不起，而是因为客户对你的信任度不够，所以客户一般会选择观望。这个时候你的产品就很难卖出去，所以我们要降低门槛。

具体怎么操作呢？设计一个“入门产品”！

如前文中提到的1元钱的鸡。降低了门槛，客户和我们做生意这件事情就会变得非常容易，这样才能吸引更多的客户慕名而来。这就是为什么大家总能看到电商推出9.9元的包邮产品。虽然9.9元包邮可能不赚钱或者小亏一点，但因为价格足够有吸引力，所以大部分客户会购买。购买完一款产品之后，客户发现产品的品质和服务都不错，就有可能会再次购买，这样商家就可以从后续的产品中赚钱。

【案例分享】

如果我们要卖单价100万元的产品，如何设计能让这款产品不销而销？我们可以通过设计产品线来实现。

首先，我们先卖一款10元的产品。事实上，这款10元的产品是我们的竞争对手都在卖100元的产品。既然同行都卖100元，为什么我们只卖10元？因为这款产品的成本差不多就10元，我们不从这款产品中赚钱，而是让客户受益，让他在我这里花10元就能享受100元的价值。因为在我身上可以占到大便宜（投资10元可以获得90元的回报），买产品的人就会很多，这时候我可能很快就可以卖出100万个。

10元× 100万个 = 1000万元

如果卖出100万个产品，可以收到1000万元。请问这1000万元中我有没有赚到利润？答案是这1000万元中我没有赚到1分钱利润，只是获得1000万元现金流。为什么我不赚取利润？因为我是想跟大家混个脸熟，获得大家对我的信任，让大家觉得跟我做生意稳赚不赔。

虽然第一次跟大家交易，我没有赚到钱，但没有关系，起码我收获了100万个客户的信任。他们原本是不相信我的，结果因为购买了我的产品，发现原来我是值得信任的。

这100万个客户难道在买完了我的一款产品之后，这辈子都没有问题和需求了吗？有没有可能随着时间、空间、身份的改变，客户又产生了新的需求？答案是肯定的。这时我们就根据客户的需求，去研发一款产品解决他们的问题，不过这次这款产品要卖100元。虽然我这款产品卖100元，但能给客户带来1000元以上的价值，让他们觉得从我身上再次占到了更大的便宜。

这时候我只需要和原来购买过我10元产品的100万个客户说："上次你们花10元在我这里买到了一款100元的产品，现在又有同样的机会了。你只要再投资100元，就可以获得一个价值1000元的产品，要不要体验一下？"

咱们也不要求多，这100万人中哪怕只有10%的人，即10万人愿意继续相信我，继续购买我的产品，我就可以收到1000万元。

100元 × 10万人 = 1000万元

为什么这一部分客户又会购买？因为他们会想：上次花了10元钱找苏老师买东西，结果获得了100元的价值。虽然我不知道这次他卖的100元的东西到底行不行，但我想去试一试，万一是真的，那我就赚了900元。如果这次购买的产品不行，就当上次赚到的90元没了。也就是说，如果这次购买的产品不行，客户根本没有亏100元，最多只是亏了10元。但万一这次购买的产品可以，客户就可以获得900元的回报。

试想一下，用10元换1000元值不值？肯定值，所以有10万人买了。买了之后，哇！苏老师果然没有骗人，花100元果然获得了1000元的价值，跟苏老师做生意稳赚不赔。

这个时候大家对我的信任度就会继续提升，过一段时间我又发现了他们新的需求。这时候我再研发一款新产品，卖上次10倍的价格，即1000元。同样地，这款产品依然给客户带来10倍的价值，也就是1万元以上的回报。这个时候也不需要多，只要有10%的人（1万人）继续购买产品，我就又可以收到1000万元。

1000元 × 1万人 = 1000万元

这次购买的产品又带给客户10倍以上的回报，他们想：天哪，跟苏老师做生意简直是闭着眼睛都能赚钱，买到就是赚到。所以他们对我的信任度会继续增强。过一段时间我又发现了他们新的需求，我又研发了一款产品，卖1万元。依然带给他们和上次一样的10倍的价值，只要有10%的人（1000人）继续购买产品，我又可以收到1000万元。

1万元 × 1000 人 = 1000万元

这次客户又赚到了，过一段时间又有新的需求产生，我又可以推出一款产品卖10万元。只要有10%的人（100人）继续购买产品，我又可以收到1000万元。

10万元 × 100人 = 1000万元

这次购买的产品又带给客户10倍以上的回报，他们又赚了。从那以后，他们就会选择把钱存在我这里，说："苏老师，你每次这样卖东西太麻烦了，要不这样，我提前预付一些钱给你，等你下次出新产品的时候，直接寄给我。"这样我就有机会提前收到客户的预付款了。

过段时间，我根据他们的新需求再研发一款10倍价值的新产品，再卖给他们。这时候只要有10%的人（10人）继续购买产品，我又可以收到1000万元。

100万元 × 10人 = 1000万元

各位总经理，请问我和客户做了多少次生意？一共收了多少钱？

是不是做了6次生意，收回了6000万元？

虽然最初的1000万元我并没有赚到一分钱，甚至小亏，但是后面的每一次生意，我都可以从中赚取丰厚的利润。后面的5000万元营业额根本不需要太用力地销售，因为客户在买过我第一款产品后，对我产生了信任，所以后面的销售不需要太费力，客户也是自然而然地购买。

这样做最大的好处是，竞争对手都不知道我的钱是怎么赚的，因为他只看到我第一笔生意亏了。亏本的生意没人做，赚钱的生意、砍头的生意有人做。所以他一看到我是亏钱的，就不会选择跟我竞争。因为他的思维只是一个点的，但是我的思维是一条线的，我第一次不赚钱，目的是建立客户对我的信任，赚后续的钱。

这就是做生意的创意！

你知道为什么很多人赚不到钱吗？

因为他的思维只是一个“点”，没有形成一条“线”。

【案例分享】

以前有一家生产老鼠夹的公司，生产的老鼠夹质量非常好。质量好到什么程度呢？只要有老鼠经过，都会被夹住。结果这个老鼠夹一经推出就卖疯了，公司因此赚了很多钱。既然老鼠夹的反响如此之好，这家公司就继续投入研发，想制造出更好的老鼠夹。但让人没有想到的是，5年之后这家公司居然倒闭了。大家知道为什么吗？因为老鼠都死光了，老鼠夹还没有坏。

大家小时候有没有穿过解放牌运动鞋？是解放牌运动鞋的知名度高，还是阿迪达斯、耐克的品牌知名度高？是解放牌运动鞋比较耐穿，还是阿迪达斯、耐克的鞋比较耐穿？很显然，解放牌运动鞋比较耐穿。那为什么解放牌没有成为顶尖的运动鞋品牌，而阿迪达斯、耐克却成为世界的顶尖品牌？

解放牌之所以没有成为顶尖的运动品牌，主要是因为质量太好，不容易坏，买一双可以穿很久。一旦客户重复消费的次数比较少，厂家就没有办法赚到更多的钱。没有赚到更多的钱，就没有办法投入更多的钱去做品牌的宣传和新产品的研发，这样就进入了一个恶性循环。

所有的产品设计最好都像电视剧一样，每次都是在你看到最精彩的时候，咔！欲知后事如何，请看下集分解！

国外的电影基本都是如此，在高潮迭起之后的结尾，留下一个悬念。这样很多人在看完电影后就开始讨论下一部电影的剧情，主人公的命运又将会如何。然后制片人会根据观众的喜爱程度，决定是否推出续集。

【案例分享】

大家有没有看过《速度与激情》的系列电影？当你看完《速度与激情1》后，这部电影会不会带给你很多兴奋的体验？太兴奋了！这个时候在结尾时留下一个“问号”，你就很想知道主人公接下来的命运。

过一段时间《速度与激情2》就推出来了，这次又带给你新的视听享受。这次的视听享受比第一次的更刺激，但依然让你意犹未尽，在电影结尾的时候又给你留下了一个悬念……于是你就欲罢不能，在连续看完了前十部之后，听说《速度与激情11》将于2025年上映。

在这种情况下，你会怎么办？二话没说，立刻花钱买电影票，因为1～10都看了，要是11不看的话，感觉这辈子都会有遗憾，这就是产品设计的魅力！

所以，你的产品也要有连续性。什么叫作“连续性”？它就是要设计成顾客在购买了A产品之后，感觉必须买B产品，否则人生就不够完整。

如果我们对客户的需求有充分的了解，思考好客户在购买了A产品以后，还有哪些问题没有解决，还有哪些需求没有满足，还有哪些梦想没有实现，这样你就知道下一款产品应该要卖什么了。

当你能对客户的需求路径了如指掌，设计好相关的产品后会如何？是你要卖东西给客户，还是客户要求你卖给他？

总经理在设计产品及商业模式时，可借鉴高速公路的模式：

（1）一次投入，持续收费。

（2）提供最快速、全国联网、高品质的产品及服务区等增值服务。

（3）收费标准及方式简单，分段收费，回款率100%，无应收账款。

（4）各分销商谁投资谁盈利。

总经理最重要的思维：

我怎样把“高速公路模式”导入我的企业里？

怎样为我的客户修一条能持续盈利的“高速公路”？

第五篇

收钱能力

业绩治百病，收钱解千愁！
引爆现金流，赚钱更轻松！

收钱能力是指总经理在财务管理、资金回笼和风险控制等方面的能力。包括制定合理的财务政策，确保资金及时回笼，并有效管理企业的财务风险。

收钱能力对于企业的现金流管理和财务稳健性至关重要，关系到企业的生存和发展。

第八章　总经理必须知道如何引爆现金流

第一节　如何摆脱现金流匮乏的困境，快速实现业绩增长

企业发展最重要的两个因素:

一是现金；

二是利润。

到底是现金流比较重要，还是净利润比较重要？**我认为没有净利润只会造成暂时的亏损，如果没有现金流企业就活不下去**！现金就像空气，利润就像面包！**人如果没有面包可以活一周，但如果没有空气一天都活不了**！

【案例分享】

有人投入了100万元创业。花了70万元购买原材料，又花了20万元生产加工，最终做出了一款150万元的产品。但要卖出这款产品需要3个月的时间。

那么利润是多少？现金是多少？

利润 = 150万元−70万元−20万元 = 60万元

现金 = 100万元−70万元−20万元 = 10万元

虽然表面上公司卖掉产品后可以赚到60万元，但在卖出产品的3个

月内，公司只有10万元的现金。如果这10万元不足以支撑3个月的运营费用，公司就面临倒闭的风险。尽管产品卖掉后可以赚到60万元的利润，但远水救不了近火，如果没有现金支持，公司无法继续生存下去。

很多公司手上有好产品，可是因为经营能力太差导致公司缺乏现金流，濒临倒闭或破产的边缘，主要原因是公司的总经理缺乏经营的能力，不知道如何从市场上把钱要回来。

接下来我们再来看一家濒临破产的公司是如何起死回生的，教你如何快速且有效地引爆现金流。

【案例分享】

许多年前，在美国有一家销售止痛药的公司——“冰热”，他们的产品主要治疗一些常见的外伤并止痛，类似于创可贴一类的常用医疗品。但由于经营不善，这家公司已经到了濒临破产的边缘，几乎停止了一切业务。

奇怪的是，这家公司却持续不断地收到来自男女老少的信件，他们众口一词地说：“我们长年购买‘冰热’的产品，期盼‘冰热’继续销售；‘冰热’止痛贴是我们保障手脚正常活动、减缓疼痛的唯一选择。”

既然产品品质这么好，客户非常需要，可是公司面临倒闭，为什么？因为公司缺乏现金流。现实世界就是这么残忍，许多公司拥有好产品，却没有赚到钱，为什么？这是因为他们没有好的销售策略。

现实世界里有无数的总经理经常会说：“为什么竞争对手的产品没有我们的好，却卖得比我们好？我们的产品有这么多客户需要，为什么我们公司却做不起来？”

答案其实很简单，那是因为他们不懂得做生意。

现在我想问的是，如果你是这家公司的总经理，应该采用什么样的方法来让企业起死回生呢?

产品品质很好，客户非常需要，你会用什么营销方法呢?

我建议你认真思考十分钟，并写下来策略，然后再往下看!

想好了吗?

接下来让我们来看一看这家公司究竟是用了什么样的策略让它起死回生的，看看和你的策略是否一样?如果一样，那么恭喜你，你已经是一名成熟的生意人了。如果你的策略和我接下来分享的不一样，那么请你好好思考一下你的方法和正确方法的差距，这样你就会获得巨大的进步。

当时有一个世界上最顶尖的营销大师接手这家公司之后，并没有打算借用外部的投资来挽救“冰热”，而是希望利用公司自身的资源实现自救。

这位营销大师对他们公司历史的销售数据做了分析后，发现了一个真相：虽然这家公司面临倒闭，但是其产品很受客户欢迎。所有购买过这家公司产品的人，每2个人中就有1人会持续购买，而且基本上一年之内会购买10次，从而给这家公司贡献25美元的净利润。售价为3美元的止痛膏，其实际生产成本加物流成本仅为45美分。

于是，他立即在大量媒体上投放广告，包括1000多家广播电台、电视台和杂志、直邮订购公司，以及各种非传统的宣传渠道。

他与销售者的合作模式是这样的：

“冰热”每瓶3美元，如果经由你的手销售出去的话，你可以获得100%的佣金，也就是说，当你把“冰热”卖出去之后，3美元全部都归自己所有，且无须负担任何成本。

无须销售者负担任何生产成本及配送成本，只要求销售者做一件事：把购买者的姓名及地址告诉“冰热”公司，以便购买者能及时获得止痛膏产品，并享受到满意的售后服务。

当这种3美元全归销售者所有的销售模式出现业绩下滑时，公司甚至另外支付3.45美元的实际成本（你如果帮我把产品卖出去，除了销售额的3美元是你的，我再奖励你3美元。因为产品的实际生产和物流成本是0.45美元，加上奖励的3美元，所以是3.45美元）以支持“冰热”的销售。

每个人都认为这家公司疯了，但是这家公司却在短短18个月之内从业绩仅为2万美元的小公司，发展成为1300万美元的企业。之后，他们又把这家公司以几千万美元的价格卖给了美国制药领域的巨人企业G.D.Searle公司。

它是怎么做到的？这得益于每当公司在寄出产品的时候，都会送一些其他产品的购买优惠券。最后的数据显示，每送出100张优惠券，不仅会收获50个订单，而且其中有20个订单是采购其他产品的。

看完这个故事之后，你有什么样的感想呢？所用的策略和你想的策略一样吗？你感觉你的方法和他的相比，哪个更好呢？接下来让我们借由这个故事来分析一下他们到底做对了什么？

现在，我要和你普及一下商业的另一个基本常识——盈利模型，这个模型中有三项最重要的指标决定了你的生意是怎么做的，决定了你的生意能做多大，决定了你的企业能否永续经营。或许你从来没有思考过这三个核心指标，因而导致你的生意一直都是靠永无休止的“应酬”做大的。

根据前一章我们讲的经营模型来分析这家公司，你会发现，这家公司产品品质很好，可是没有客户，导致团队有力没处使，进而公司面临倒闭。

现在我们要讲的是企业的盈利模型（图8-1），核心框架是从客户维度展开，所以我们先不分析产品维度和团队维度。如果你对团队维度感兴趣，可以看我之前写过的一本《薪与酬》。

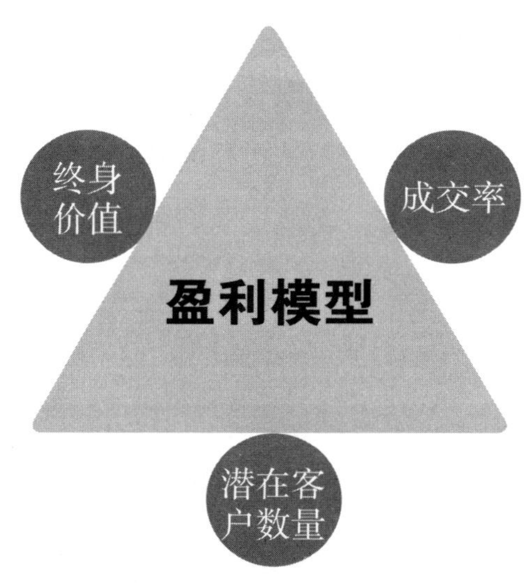

图8-1 企业的盈利模型

任何一家企业之所以可以赚到钱，都有三项核心指标：

第一项指标是“潜在客户数量”。传统市场营销学里会说“市场”有多大，电子商务里讲的“流量”，讲的是同样的意思，也就是

“可能购买你产品的客户有多少人”。

如果你的潜在客户越多，代表你的市场规模越大，可能付钱给你购买产品的人就会越多，那么你的生意做大的可能性就越大。做电商的人都希望“流量”越多越好，开实体店的人都希望“人流量”越大越好。因为进店的人越多，也就代表了潜在客户的数量越大。

第二项指标是“成交率”。通常在电子商务里讲的是“转化率”或传统市场营销学里讲的“购买率”，讲的是同样的意思，也就是**“100个人看了你的产品介绍之后有几个人愿意付钱购买”**。

如果100个人中有1个人购买，那么成交率就是1%；如果100个人中有10个人购买，那么成交率就是10%。在单位人数内，购买的人数越多，代表着成交率越高，也意味着产品越受欢迎。

第三项指标是“终身价值”。它就是大部分人通常讲的“客单价”和“重复购买次数”。也就是说，一个客户从第一次购买你的产品开始，一年内会重复购买几次？或者在他有生之年会重复购买多少次你的产品，从而能给你公司带来多少营业额或多少净利润。

如果你卖的是可以重复购买的产品，当客户在购买你的产品之后，可能还会再次购买，可能一年内会重复购买很多次，也可能一生中多次购买。也可能是买了其中一款产品之后，觉得你们公司的产品或服务很好，认可了你，在一年内或一生中又购买了你公司的其他产品。

你的生意（营业额）能做多大，主要取决于这三大核心指标，和之前的经营模型一样，三角形的面积取决于三条边的长度，而且它们之间的关系是相乘而不是相加。

接下来我们用一组数据来给大家推演一下，这三个“变量”的改变会发生什么样的变化，能让你更好地了解企业的盈利模型，这样你才能找到适合你自己的盈利模型，从而实现企业的业绩暴涨。

【案例分享】

如果你手上有10万个潜在客户，这些客户的成交率是10%，终身价值100元（产品单价100元，平均每个客户会买1次），那么最终购买的人数是：

10万人 × 10% = 1万人

根据每个人消费1次，一次消费100元。计算出公司的业绩是：

1万人 × 100元/人 = 100万元

潜在客户数量	成交率	终身价值	业绩
10万人	10%	100元	100万元

如果我们能把潜在客户的数量提升1倍，即潜在客户数量变成20万人，在其他指标不变的情况下，那么计算出最终购买的人数是：

20万人 × 10% = 2万人

根据每个人消费1次，一次消费100元。计算出公司的业绩是：

2万人 × 100元/人 = 200万元

潜在客户数量	成交率	终身价值	业绩
20万人	10%	100元	200万元

由上面的计算公式我们可以看出，当潜在客户数量增加1倍的情况下，就算其他指标都没有发生改变，公司的业绩立刻就可以提升2倍。

如果把成交率提升1倍，即成交率变成20%，在其他指标不变的情况下，那么计算出最终购买的人数是：

10万人 × 20% = 2万人

根据每个人消费1次，一次消费100元。可以计算出公司的业绩是：

2万人× 100元/人 = 200万元

潜在客户数量	成交率	终身价值	业绩
10万人	20%	100元	200万元

由上面的计算公式我们可以看出，当成交率增加1倍的情况下，就算其他指标都没有发生改变，公司的业绩立刻就可以提升2倍。

如果把终身价值提高1倍，即让客户购买2次，每次还是100元，在其他指标不变的情况下，那么计算出最终购买的人数是：

10万人 × 10% = 1万人

但因为客户消费了2次，一次消费100元，这时每个客户就会消费200元，公司的业绩是：

1万人× 200元/人 = 200万元

潜在客户数量	成交率	终身价值	业绩
10万人	10%	200元	200万元

由上面的计算公式我们可以看出，当终身价值增加1倍的情况下，就算其他指标都没有发生改变，公司的业绩立刻就可以提升2倍。

如果把潜在客户数量和成交率同时提高1倍，即潜在客户数量变成20万，成交率变成20%，在终身价值这个指标不变的情况下，那么计算出最终购买的人数是：

20万人 × 20% = 4万人

根据每个人消费1次，一次消费100元。计算出公司的业绩是：

4万人× 100元/人 = 400万元

潜在客户数量	成交率	终身价值	业绩
20万人	20%	100元	400万元

由上面的计算公式我们可以看出，当潜在客户数量和成交率同时提升1倍，在终身价值不变的情况下，公司的业绩立刻就可以提升4倍。

如果把成交率和终身价值同时提高1倍，即成交率变成20%，客户购买2次，每次还是100元，在潜在客户数量这个指标不变的情况下，那么计算出最终购买的人数是：

10万人 × 20% = 2万人

但因为客户消费了2次，一次消费100元，这时每个客户就会消费200元，公司的业绩是：

2万人× 200元/人 = 400万元

潜在客户数量	成交率	终身价值	业绩
10万人	20%	200元	400万元

由上面的计算公式我们可以看出，当成交率和终身价值同时提升1倍，在潜在客户数量不变的情况下，公司的业绩立刻就可以提升4倍。

如果把潜在客户数量、成交率和终身价值三个指标同时提高1倍，即潜在客户数量变成20万，成交率变成20%，客户购买2次，每次还是100元，那么可以计算出最终购买的人数是：

20万人 × 20% = 4万人

但因为客户消费了2次，一次消费100元，这时每个客户就会消费

200元，公司的业绩是：

4万人× 200元/人 = 800万元

潜在客户数量	成交率	终身价值	业绩
20万人	20%	200元	800万元

由上面的计算公式我们可以看出，当潜在客户数量、成交率和终身价值同时提升1倍的情况下，公司的业绩立刻就可以提升8倍。

是的，的确是8倍，你没有看错，这就是指数级提升业绩的三个维度，如果你掌握了这个盈利模型，那么赚钱对你来说绝对是像玩游戏一样简单。

第二节 如何快速增加潜在客户数量，引爆现金流

接下来，我们一起用盈利模型来分析一下前面讲的“冰热”公司做对了什么。

首先我们从历史的数据中分析得出一个核心关键：购买过产品的人，每2个人中就会有1个人持续购买，而且会买10次，从而给公司带来25美元的净利。

每2个人中就有1个人会持续购买，说明“成交率”高达50%，如果有100个购买过产品的客户，就可能会有50个人复购。

复购的客户会持续购买10次，从而给公司带来25美元的净利润，说明每个客户的“终身价值”是12.5美元。

相较于售价3美元的止痛膏，12.5美元的“终身价值”算是挺

高的，成交率也高达50%，可是这家公司为什么还会因为没有钱而倒闭？

答案是“潜在客户的数量”太少，如图8–2所示。

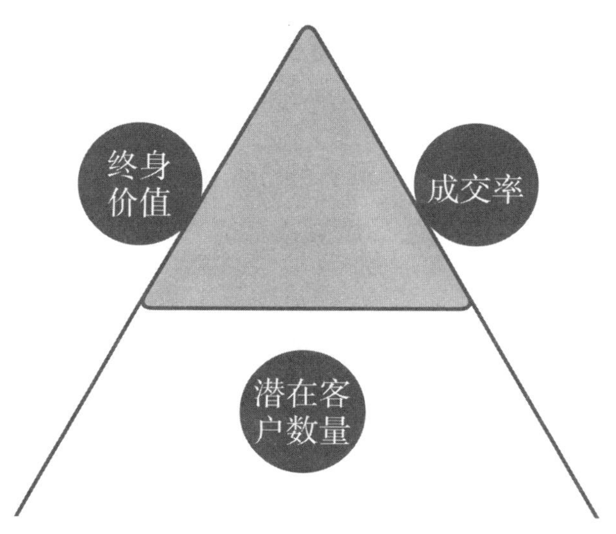

图8–2　企业的盈利模型（潜在客户数量不变）

潜在客户数量的那条边太短，导致三角形的面积不大。

通过这个图形，我们知道要提升公司的业绩，只要我们能增加“潜在客户数量”，三角形的面积就会增大，也就是公司的业绩不好是因为“潜在客户数量”太少，所以我们必须最大限度地提升“潜在客户数量”。

如图8–3所示，因为潜在客户数量的增加，从而大大增加了三角形的面积。

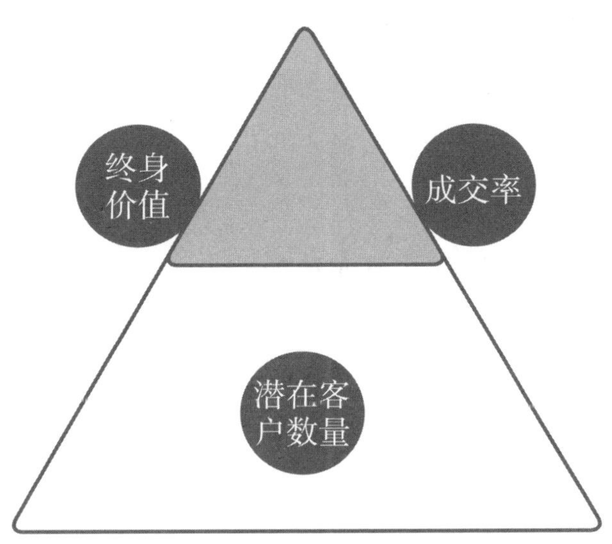

图8-3 企业的盈利模型（潜在客户数量增加）

那么问题又来了，到底该如何提升“潜在客户数量”呢？

绝大多数人采用的方法是，通过“组建销售团队”来增加“潜在客户数量”，但是这个方法有点“慢”，因为如果要组建销售团队的话，又要涉及招聘、培训等一系列的工作，不仅耗时比较长，而且付出的成本也会比较高。由此可见，组建销售团队的方法不是最优解。

其实做总经理的人要有一个重要的思维，就是“借力思维”：**这个世界上你想要的任何东西都在别人手里，你要做的事情就是找到他，给他不可抗拒的理由，这样别人就会心甘情愿地把他所拥有的资源给你。**

【案例分享】

曾经有一个学员在学完我的“商业思维”课程之后，兴奋地告诉我：“苏老师，你的课讲得非常棒，我决定回去组建销售团队。”

我说：“兄弟，你是卖什么的？”

他说：“我是卖瓷砖的。”

我说：“你这三天的课都听到哪里去了？第三天下午的课听了没？”

他说：“前两天听得太兴奋，一直都在想回去之后怎么应用，所以第三天听课时我基本上都在走神。”

我发现人就是这样，第一天注意力比较集中，越往后注意力越不集中，因为很多人第一天学到一招半式之后就很兴奋了，然后脑袋里面都在想着回去怎么用第一天的内容，然后第二天、第三天根本都没有认真听，这是他们犯的最大错误。

我的课程是我这么多年来做生意的经验总结，信息量非常大，如果没有全盘听完，只是听了一天，最多只学会几个“点”，而无法应用整个“面”，这样回去应用程度就会比较差。

于是，我当场就批评他第三天没有认真听，这才导致他缺失了基本的思维。

我问他：“组建销售团队要不要钱？你卖瓷砖要不要找到很优秀的销售人员？优秀的销售人员的基本工资一个月要不要3000～5000元？即使你找到销售人员之后，让他们去找客户，请问要不要一段时间来建立信任？有没有可能你组建的销售团队，一两个月内都没有卖出一单，没有收到一分钱，但是工资要不要发出去？亏了没有？”

他无言以对。

然后我继续问他："你的瓷砖卖给谁，什么人会买你的瓷砖？"

他回答："家里面要装修的。"

我说："要装修房子的人都在哪里？他比较相信谁？"

他说："装修公司，设计师。"

我说："你把钱分给谁赚，谁就希望你成功，如果他们推荐别人的瓷砖没有好处，推荐你的瓷砖可以获得好处，那么当地所有的装修公司会不会都会说你的瓷砖好？如果当地所有的设计师和装修公司都在说你的瓷砖好，那么你的瓷砖卖出去的概率高还是低？

"如果你花一点时间，把当地所有的装修公司和所有的设计师都变成统一立场，让他们帮你推荐客户，卖掉之后你就分钱给他们，如果没有卖掉，你也不用给他们钱，那么对你来说是不是没有任何的风险？

"你觉得是自己组建销售团队卖瓷砖比较快，还是让他们帮助你推荐客户比较快？"

他回答说："苏老师，过去我也请过我几个做设计师的朋友吃饭，让他们帮助我转介绍客户，可是没一个人帮我介绍。"

我说："显然'商业思维'第一天早上的课程你都没有学好，我说过你能成功是因为绝大多数人希望你成功的结果，而别人为什么希望你成功？因为他可以从你的成功中获得好处。很多时候别人之所以不帮助你，是因为你给得不够多，或给得不够爽快！"

在商言商，不要用圣人的标准要求别人，而要用凡人的标准要求自己，怪就怪你没有办法跟大家建立一个利益的共同体。因为大家都是做生意的，讲究利益。如果你能跟大家建立起利益的连接，给他不可抗拒的好处，人家自然就会心甘情愿地把身边的潜在客户推荐给你。

如果你没有给到别人足够的好处，别人不帮你也是很正常的事情。所以，你要学会和别人共享利益，这样才能让别人把他手上的客户介绍给你。

那到底应该如何做才能快速增加企业的现金流呢？接下来我给大家分析一下常用的三个方法，如果你能运用好，就可以快速增加客流量和进店人数，进而引爆公司的现金流。

方法一：根据单笔销售利润设计增加潜在客户的方案

相信大部分人遇到过超市做的大型促销活动，如1元限购2斤鸡蛋、低价购买某款食用油等。很多人误以为商家搞促销这件事情是赔钱的，但实际上他们真的赔钱吗？他们这样做的目的又是什么呢？

答案很简单，商家是在花钱买客户。付出一小部分成本，吸引客户进店，从而增加“潜在客户数量”，进而用“成交率”和“终身价值”赚钱。

虽然商家在卖出某款促销产品时可能会亏一点小钱，但绝大部分客户来到超市后不可能只购买一款产品，他们可能在购买促销品的同时购买（成交率）一些其他的非促销品（这是商家的利润来源）。

就算这次没有购买其他任何产品，但至少吸引来了很多占便宜的客户，这些人可能会在体验卖场、产品及服务后，在未来成为商家的客户，给商家带来更大的利益（终身价值）。这就是表面上亏钱，实际上赚大钱的原因。

以单笔销售的毛利为出发点，依照成交率计算出吸引目标客户的成本，并以此成本为参照，选择和打造获取目标客户进店的“鱼饵产品”（吸引客户进店的产品）。

【案例分享】

我是卖电视机的商家，每卖出一台电视机，我可以赚到1000元。

提问：我花多少钱找到一个购买客户是合理的？

回答：在不超过1000元的情况下是合理的。

如果我愿意付出1000元的销售成本，那么我的工作重点就是：如何把这1000元花出去，同时把真正的客户吸引进来。只要我能成功卖出1台电视机，就不亏；只要我能成功卖出2台电视机，就可以赚1000元。

根据这个数据模型，很快就有了以下三种方案。

方案一：如果可以用1元的成本吸引到1个客户，那么1000元就可以找到1000个客户。只要这1000人中有1人最终购买了电视机，就能达到收支平衡。只要这1000人中有2人购买了电视机，就能赚1000元。

方案二：如果可以用10元的成本吸引到1个客户，那么1000元可以找到100个客户。只要这100人中有1个人最终购买了电视机，就能达到收支平衡。只要这100人中有2人购买了电视机，就能赚1000元。

方案三：如果可以用100元的成本吸引到1个客户，那么1000元只能找到10个客户。只要这10人中有1个人最终购买了电视机，就能达到收支平衡。只要这10人中有2人购买了电视机，就能赚1000元。

大家想一想，以上三种方案，我到底应该采用哪一种？

这时候，就要看一下“成交率”（每100人中会有几个真正愿意付钱的人）。

如果“成交率”是1%（100人进店1人成交），第三种方案就不能采用，因为进店的“潜在客户数量”不足以支撑我们的业绩。

成交率 = 10人 × 1% = 0.1人

如果选择方案三，就意味着付出了1000元的成本，只吸引到了10个客户，而成交率只有1%的情况下，必须有100个客户进店才能成交1单。每个客户的成本是100元。

投入成本 = 100人 × 100元/人 = 10000元

利润 = 1000元/人 × 1人 − 10000元 = −9000元

投入成本是1万元，而卖出1台电视机只能赚到1000元，这样就亏损了9000元，所以我们不能选择方案三。

如果“成交率”依然是1%，采用第二种方案会如何？

投入成本 = 100人 × 10元/人 = 1000元

成交率 = 100人 ×1% = 1人

利润 = 1000元 − 1000元 = 0元

这样算下来，100人进店刚好成交1单，赚1000元，不亏钱。

如果“成交率”依然是1%，采用第一种方案会如何？

投入成本 = 1000人 × 1元/人 = 1000元

成交率 = 1000人 × 1% = 10人

利润 = 1000元/人 × 10人 − 1000元 = 9000元

这样算下来，1000人进店可以成交10单，1单赚1000元，就可以赚9000元。

通过以上的数据分析，我们可以清晰地知道哪一种方案最好。

需要注意的是，以上的数据推演只是数据模型，仅代表一种思考的方式。当我们在现实生活中运用这些模型时，存在诸多不确定因素，比如客户的来源渠道不同，客户的成交率也会有所变化。

也就是说，你分别用1元、10元和100元的成本吸引来的客户质量是不一样的。1元的成本吸引来的“客户数量”可能很多，但人群不会太精准，可能只是小客户，他们很容易被小恩小惠打动。因为我们卖的是单价接近1万元的电视机，虽然来的人很多，但购买力并不强。所以付出1元成本吸引来的人，可能并不是购买1万元电视机的准客户，这样虽然来了1000人，但这1000人中能购买1万元电视机的成交率就变为了1‰。

所以我们必须通过测试（统计分析）才能知道不同渠道吸引来的客户最终的成交率，只有知道了成交率，才能算出我们的盈利模型，清楚我们需要多少个潜在客户，然后再来设计吸引客户的成本。

以上谈的是实体店设计“鱼饵产品”吸引客户的方法，只要大家能清楚地知道自己的盈利模型，就可以无限地放大数据，让公司稳赚不赔。

我有一个学员卖的产品是墙面涂料，每成交1单，可以赚7000元。

按历史数据来看，每沟通20个客户可以成交1单，由此得出成交率是5%。

因此，可以计算出一个客户的最高成本：

7000元÷20人＝350元/人

结论：只要这位学员把吸引客户的成本控制在每人350元以内，就不会亏钱。

如果大家是用电商的方式做生意，那么这350元就是购买流量的成本。

方法二：利用客户的终身价值设计增加潜在客户的方案

原理：以“客户的终身价值”为出发点，依照锁定一个客户的终身价值为参照，从而选择和打造“终身价值”设计方案。

有些生意可能单笔的业绩并不多，但在客户第一次购买后，一年内可能会持续购买，这样一年内就会产生“终身价值”。

【案例分享】

客人第一次来美容或理发后，可能一年内会持续消费很多次。虽然今天客人理发的单笔收入只有30元，但如果对方满意，接下来可能会每个月都来。按照一年12个月计算，一年内就会在这里消费360元。

一年的消费金额 = 30元/次 × 12次 = 360元

这样的生意最难的是第一次，只要第一次体验过我们的产品或服务，满意后基本上就会持续不断地“复购”。如果花费50元的成本吸引客户初次进店，也是不亏的。

第一次利润 = 30元−50元 = −20元

大家是不是会说：“不对啊，明明亏了20元。”那为什么我敢花50元的成本吸客？因为我看重的不是单次的消费金额，而是这位客户接下来一年内有可能的12次消费。如果按照每次消费30元计算，一年就可以收到360元。虽然第一次付出了50元的成本，但一年下来还是赚了310元。

一年的利润 = 360元 − 50元 = 310元

保险公司用的就是这种方法。为了激发业务员开发新客户，保险公司的激励方案如下：

一个业务员成交一个保险客户，第一年保费为5000元，但保险公司给业务员的提成是6000元，比他给公司创收的保费还要高。

这样操作不是明摆着亏钱了吗？为什么保险公司还要这样干？

因为当一个客户购买了保险之后，每年都需要缴纳保费，而且可能连续缴纳20～30年。

从表面上看，第一年保险公司只收到5000元保费，但是接下来的20年，总共可以收到10万元保费。

保险费 = 5000元/年 × 20年 = 100000元

虽然第一年给了业务员6000元的保费，看似亏损了1000元。

第一年利润 = 5000元 − 6000元 = −1000元

但接下来的20年，保险公司可以从客户身上收到10万元，还赚了94000元。

总利润 = 100000元 − 6000元 = 94000元

保险公司之所以愿意用6000元的成本购买一个客户，就是为了激励业务员给公司成交更多的客户，从而带来更大的终身价值，这样保险公司就能赚到更多的利润。

方法三：利用预期目标利润设计增加潜在客户的方案

原理：设定好预期完成的利润，并计算好销售额。然后拿出部分利润前置，通过销售额与成交率，计算出购买客户的成本。

比如我们开了一家超市，客人进来是买一个东西，还是什么东西都可能会买？如果我们无法知道客人进店购买产品的“单笔销售利润”，也无法知道一年内的“终身价值”，就可以利用预期目标利润的设计方案。

【案例分享】

电器专卖店每个月完成40万元业绩可以赚到6万元，可以计算出电器专卖店的毛利率为15%。如果拿出1万元作为销售成本进行广告投放，就需要计算出客户到店后的“人均消费金额”。有了这项数据，才能计算出完成40万元业绩，需要多少个“进店客户”。

假设客户进入电器专卖店后人均消费为4万元，就意味着只需要10个消费客户就可以完成40万元的业绩目标。

为了成交这10个客户，电器专卖店愿意付出1万元的成本，也就是说，愿意以1000元的成本购买1个“消费客户”。

消费客户的成本 = 10000元 ÷ 10人 = 1000元/人

但并不是每一个进店的“潜在客户”都会成为“消费客户”，这时就要看一下“成交率”。

如果“成交率”为10%，成交10个“消费客户”就需要有100个“潜在客户”。1万元的广告投入，平均每个“潜在客户”的广告成本最多100元。

潜在客户的成本 = 10000元 ÷ 100人 = 100元/人

如果“成交率”为1%，成交10个“消费客户”就需要1000个“潜在客户”，那么每个“潜在客户”最多只能投入10元的成本。

潜在客户的成本 = 10000元 ÷ 1000人 = 10元/人

只要掌握了以上三种计算方法，你永远都不会缺客户！当大家能够清晰地计算出购买客户的投入产出比，并应用盈利模型清楚地知道产出大于投入时，就可以用钱或礼物去换取我们的精准客户，这样就可以快速提升“潜在客户数量”。

第三节 如何把生意变成数字和金钱的游戏

很多年前我遇到一位学员，当时我在讲如何投广告获取客户以扩大业绩的时候，他说："苏老师啊！我们总经理不让投广告的。"我说："很简单，如果你能够拿出数据来证明，投1元广告可以换回10元，你们总经理投不投广告？"肯定投。

为什么？因为大家都不会和钱过不去，总经理之所以不愿意投广告，是因为你没有一个好的盈利模型，无法让总经理清楚地算出投入产出比，无法把生意变成数字和金钱的游戏。

"冰热"止痛膏公司之所以愿意投入那么高的代价，是因为它已经有了一个完整的盈利模型，可以稳赚不赔，而且能清晰地算出投入产出比，确保公司投入的每一分钱都能带来巨大的回报。

在我们2010年刚创办"大脑营行"时，用的策略就是"网络广告"，当时不管你在"百度"输入任何一个培训师或培训公司的名字，或者任何一个积极正面的词语，都会看到我们公司的广告。很多看到我们广告的同行都说："'大脑营行'钱真多啊！居然敢这样'烧钱'。"

为什么我们敢这样投广告，因为当时的我计算过：每投入1元广告费，可以换回120元收入。因为那时候投广告的人很少，后来因为我的"嘴巴"比较大，把这个秘密分享给了身边的朋友，结果大家都来投广告了。于是投入1元钱的收入就变成了80元，之后的收入又下降到40元，30元，12元，4元，后来就变成1.5元。现在百度的广告效果越来越差，每投入2元，连1元都收不回来，于是我不在百度上投广告了。

在2012年前后的时候，我计算过在百度上每投入1元广告费，基本上我可以换回12元，相当于投入产出比是1：12。而当时我计算了一下，组建销售团队的成本是每投入1元工资，最多只能换回5元。相当于投入产出比是1：5。所以我那时候的精力都没有放在组建销售团队上，而是天天投广告。

别人都害怕投入广告费，而我担心的是广告费花不掉。为什么？因为每花掉1元我就能换回12元。如果一天能花掉1万元广告费，我就能换回12万元。这样的投入产出比，只会花得越多，赚得越多，所以我当时担心的是广告费花不掉。

现在我不在百度上投广告了，主要的精力花在组建销售团队上，因为投广告亏钱。现在打造自己的销售团队，每投入1元钱工资，差不多只能收回3.5元。所以我经常这样说："要是我们每个月能够发出100万元工资就好了！"公司的员工听了之后觉得我这个总经理很大方。结果公司的员工很给力，很快就实现了我每个月发出100万元工资的心愿。

后来我又说："要是什么时候我们每个月能够发出500万元工资就好了！"结果员工也很给力，很快就实现了我每个月发工资超过500万元的心愿。后来我又说："要是什么时候，我们每个月能够发出1000万元工资就好了！"结果几个月后，我们每个月发出的工资就超过了1000万元。

现在的我和员工说的是什么？“要是我们哪个月发5000万元工资就好了！”如果你是员工，天天听到你的总经理这样说话，你会怎么想？“跟着总经理，有前途，总经理愿意分钱！”

为什么我这么大方呢？因为发出1000万元工资我至少可以收回3500万元，所以当然希望工资发多一点，如果哪个月发出的工资超过1亿元，那我公司自然就是大成功了。

这就是花钱等于赚钱。

不知道大家看到现在，有没有明白：生意怎么做的？

这个世界上赚钱的方式有两种：

（1）用体力赚钱，花时间。

（2）用钱赚钱。

哪一种最快？用钱赚钱最快。

如果你能够按照我以上讲的这套方法，把你的盈利模型打造好，厘清潜在客户数量、成交率和终身价值这三者的关系，清楚地算出投入产出比，那么你的生意就变成数字和金钱的游戏。从此，你要做的就是拿个小算盘在那里算算今天花出去多少钱，然后闭着眼睛都可以知道后面能够赚到多少钱。

多年前，我认识一个在某制药公司做营销总监的朋友，当时我问他：“你们这样打广告，每年要花几千万广告费啊！”

他说：“哪里，我们每年要花2亿元广告费。”

我问他：“为什么花这么多广告费，这不是很浪费吗？”

经过他的一番解答，我终于明白了为什么“生意就是数字和金钱的游戏”。因为他已经从历史数据中得出这样的模型：每投入1元钱广告费，就可以带来2.5元的销售业绩。

一家成熟的公司，其商业模型和盈利模型都已经很成熟了，所以它的销售业绩不是靠销售人员推动的，而是靠广告拉动的。

假如他们公司今年定的目标是完成5亿元的业绩，那他们就按照去年的盈利模型，即投入1元获得2.5元的比例计算：

5亿元÷2.5元 = 2亿元

也就是说，要想换到5亿元业绩，对应需要投入的广告费是2亿元。所以他们年初的时候定的营业目标是5亿元，广告费的预算就是2亿元，所以他们接下来的工作重点就是如何把这2亿元花掉。只要能把这2亿元花完，就一定能实现5亿元的业绩。

什么时候你也能这么清楚地算出你的盈利模型，说明你已经让你的生意变成了数字和金钱的游戏！

电商的盈利模型：

营业额 = 流量（访客数量）×成交率×客单价×购买次数

对于实体店的人来说，生意是坐等客户上门，所以他的盈利模型会多几个“变量因素”，但无论如何变化，本质都是一样的。

实体店的盈利模型：

营业额 = 客流量×进店率×成交率×客单价×购买次数

当你有了这个模型，你的生意就不再是“听天由命”了，而是可以通过以上这几个关键指标来调整自己的经营活动，通过改变这几个“变量”来实现自己的目标。

所以，我真诚地希望你看完这一章的内容之后，统计一下：

你店门口的人流量有多少？

100个人中会有几个人进店？

进店的100个人中会有几个人购买？

平均每个人会消费多少钱？

平均每个客户会回头购买几次？

只要你接下来用心统计，并加以分析，就可以快速地知道你企业的盈利模型，有了这个模型后，你就可以快速地调整自己努力的方向。

很多人虽然很努力，但是经营结果不太好，那是因为不知道自己的问题（关键因素）出在哪里。但是当你能明确以上的数据，就可以清楚地知道自己在经营活动中，优秀的地方在哪里，然后加以强化，薄弱的地方在哪里？然后加以改善，这样才能快速达成自己的目标。

要想快速提高成交率，除了需要一套系统的营销流程，最重要的是要激发团队的动力，因为如果团队没有动力，再好的营销流程都不可能执行得很好，所以大家可以重点看一下前面“如何分钱”的板块。如果你渴望学会系统的分钱体系，让你的团队变得更有凝聚力和战斗力，让团队自动自发，建议你参加我的线下“商业思维”课程。

如果你想要提升客户的终身价值，学会设计好的产品和商业模式，让产品狂销热卖并促使顾客持续购买，从而更轻松、更快速地赚钱，那么你也可以参加我的线下“商业思维”课程。

后　记

从总经理到老板有多远

很高兴你看完了这本书，不知道此刻的你心里有什么样的想法，是否突然发现要成为一名合格的总经理不是一件容易的事，更何况要成为一名会赚钱的老板，所需要具备的能力远在我这本书里提及的范畴之外，正所谓“成功是面面俱到，失败是一点没有想到”。

如果一个人只会做销售，他充其量只能成为一名顶尖的推销员；如果他除了很会销售，还会管理团队，那么他就能成为一名销售经理；如果他销售能力很好，团队管理能力很强，同时还会开拓销售渠道，那么他就能成为一名营销总监；如果他销售能力很好，团队管理能力很强，渠道开拓能力很棒，同时还懂得产品的研发，那么他就能成为一名总经理；如果总经理不懂财务，即便四项能力再好，依然无法成为一名合格的老板。

企业的竞争表面上是产品和产品的竞争，但本质上却是老板和老板、管理团队和管理团队之间的竞争。当下各行各业竞争越来越激烈，产品同质化越来越严重，这些都导致产品越来越难卖，客户越来越难找，营销成本越来越高。同时线上短视频平台对线下的冲击越来越严重，不投广告没客户，投了广告没利润，不打折促销没业绩，打折促销没利润。再加上同行对手掀起价格战，不跟进没生意，跟进没利润。企业的人力成本和运营成本也越来越高，员工难管理，人才留不住，团队做不大。在这种情况下，企业该往哪里走？老板该怎么办？

我经常讲一句话“思路一变，市场一片”。之所以企业发展不好，是因为你的思维没有改变。我们知道走老路到不了新地方，如何换一条新路走？首先需要换一个新的思维。

其实，一个企业业绩不好，表面上是缺客户，其实是缺自动化的营销流程。一个企业缺现金流，表面上是产品不好卖，其实是商业模式的设计有问题。一个企业表面上缺人才，其实是缺能把普通人变成人才的机制。无论是营销流程的问题，还是商业模式的问题，其实本质上都是团队的机制出了问题。

经营企业不应该在点上思考，而是要从系统的角度进行全局的思考，只有找到突破企业发展瓶颈的有效途径，才能实现企业的业绩暴涨和老板的身心解放。

任何一个企业的成功，都必须有持续稳定的现金流，要想拥有持续稳定的现金流，就必须要有源源不断的客流量和狂销热卖的产品。

客户是谁找的？答案是：员工。

产品是谁做的？答案是：员工。

因此，任何一个企业的发展，留住员工都是必须要做到的事情。但是你拿什么来留住员工？员工为什么选择为你工作？答案是：员工是来赚钱的，他们会评估自己的价值和回报，如果回报不够，他们就会离开。

如果老板都没有赚到钱，怎么可能让员工赚到钱。所以留住员工的核心在于企业必须有赚钱的产品。如果产品利润太低，成本太高，同质化严重，企业拿什么赚钱？拿什么给员工分钱？如果员工赚不到钱，企业有再多的制度和方法也很难留住员工。所以，如果企业留不住人才，有可能是产品出了问题。

即便企业有了好产品，如果没有一个好的营销模式，无法把产品卖给更多的客户，那么企业就不能把钱收回来，企业依然不能用更好的薪酬待遇吸引更多的员工，也无法研发出更好的产品，这样就会成为一个死结，永远打不开。

为了帮助大家解决企业经营管理难题，我开设了为期四天三夜的“商业思维”线下课程，主要从人心、人性、人欲的角度构建如何持续获利、自动化运营的企业金三角，帮助老板从产品、团队和客户三个维度全面提升。

第一个维度：产品如何狂销热卖？

设计商业模式让产品狂销热卖；从主动找客户到让客户主动找你；从单一盈利模式变成多元化盈利模式；让一次性购买的客户变成一辈子购买的客户。

第二个维度：团队如何自动自发？

打造团队的底层逻辑；制定企业招人、选人、用人、育人、留人、激发人的具体策略；提升团队的凝聚力和战斗力，让企业自动运转，员工自动自发。

第三个维度：客户如何持续购买？

打造不依赖于能人和神人的自动化营销流程，增加客流量，让客户持续主动地购买，让客户疯狂转介绍，快速引爆现金流。

如果你也想成为一名赚钱的老板，想要轻松实现企业的业绩暴涨和个人的身心解放，一定要报名参加“商业思维”线下课程。现场的学员都是各行各业优秀的企业家朋友，学习氛围非常好，大家可以相互影响，互相借鉴。同时我也会匹配辅导老师为学员们落地企业策略和方案，保证学习的内容真正能帮助到大家。所以，我强烈建议老板、创业者以及想创业的人，都来参加“商业思维”线下课程，我在课程现场等你，不见不散。

因为这本书我们有缘相识，为了感谢你们的信任和支持，我送各位一个线上培训课程，涵盖价值12800元的线下课程“商业思维”中的精华内容，相信可以帮助你们有效提升经营管理能力，实现企业的业绩增长和老板的身心解放。您只需扫描二维码联系我的助理，获取具体的学习步骤，即可开启您快乐的学习之旅。

请先扫码　领取课程

额外赠送2024年升级版
全流程企业管理工具包

企业相关问题可免费咨询

◆ 课程大纲 ◆

01集：如何设计团队的游戏规则才能让团队自动自发	02集：如何统一团队的立场，提升团队的凝聚力
03集：如何统一团队的共识，提升团队的执行力	04集：如何分配薪酬才能让公司和员工更赚钱
05集：一定要避开的薪酬十二大死局（一）	06集：一定要避开的薪酬十二大死局（二）
07集：如何制定合作机制与进入退出机制	08集：如何制定股权激励方案，实现业绩暴涨，身心解放
09集：如何设计好组织架构让团队快速发展，业绩暴涨（一）	10集：如何设计好组织架构让团队快速发展，业绩暴涨（二）
11集：如何设计晋升机制让员工持续跟随，快速成长	12集：如何优化业务流程，让公司可持续发展
13集：如何用PK机制轻松激发团队，实现业绩倍增	

苏引华

2024年7月5日